信仰の秘訣

——先達200人からのメッセージ——

須永 和宏 著

サンパウロ

はじめに

イエス・キリストの福音は、私たちに文字どおり「よきおとずれ」としての信仰の喜びを与えてくれます。たとえば、逆説的とも言えますが、私たちが職場や地域で、ちょっとした人間関係に巻き込まれて悩み苦しむようになったとか、それまでは仲の良かった家族や親族と急に折り合いが悪くなってしまったとか、あるいは突然、病を得てにっちもさっちもいかない生活に陥ってしまったといったときなどに、不意に、その「よきおとずれ」を経験することがあります。そのような行き詰まった状態のとき、私たちは自分でもあまり自覚はないのですが、思わず心の底から「イエスさま、この今の私のつらさ、苦しみから、すみやかに助け出してください」といった涙ながらの嘆きや訴えの叫びをあげていたに違いないのです。すると、神さまはそれに応えてくださるかのように、目の前の霧をさーっと吹き払われ、私たちの前方にかすかな希望の光を灯《とも》されます。そして、それまでの私たちの悩み苦しみは少し楽になるのです。主から与えられたこの思いがけない心の平安、喜びはなんと幸いなことでしょうか。

しかし、私たちはさほど大きな試練にも遭わず順調な生活を送っている間は、いつの間にか信仰生活は惰性に流れ、気がついたら本来の信仰の喜びから遠ざかっていたというようなこともよく経験します。その場合、もはや私たちの心と魂は活力を失って、羅針盤のない船のように、あてどなく漂流してしまうことになりかねません。では、そのようなとき、私たちは、どうしたらよいのでしょうか。ふたたび初心に返って信仰の喜びを取り戻すすべはないものでしょうか。

そのようなことを考えていた矢先に、ふと思い出したのは、四十年ほど前から数々の書籍を通じて教えられてきた信仰の諸先輩、先達《せんだつ》の方々のことばでした。彼らの珠玉《しゅぎょく》のことばに込められた信仰の持ち方やそのあり方などの秘義はなんと豊かで多彩なことかと思いました。そこで私は早速、彼らのことばをできるだけ多く拾い集めようと考えました。こうして出来上がったのが本書です。とりあえず二〇〇人の信仰の先達たちのことばを選んでそれぞれにコメントし、さらにスムーズに読み進められるよう類似した内容のものを分類し、テーマ別に章立てしてみました。折にふれて彼らのことばに接してきた私は、それらのことばから、どれほど慰められ励まされたか分かりません。それはちょうど乾き切った砂漠に、時々恵みの雨が降り注いでくるような体験で、そのつど私の足取りは軽くなったのを覚えています。

なお私は先に『いのちを紡ぐ　聖人のことば』（ドン・ボスコ社）という拙著を出版し

ましたが、そこでは主として聖人、福者、尊者、殉教者らにかぎって、それらの人たちの残されたことばを抜粋し、あわせてそれぞれの人となりを紹介しました。それに対して本書はその姉妹編ともいうべきもので、聖人たち以外の聖職者（神父や牧師）をはじめ、一般の信徒たちをも含めて総勢二〇〇人のことばを取り上げました。
　今の時代は無神論が我が物顔に世を支配し、教会の信仰は危機に瀕しているとよく言われます。だからこそ、私たちは今、この時代の荒波を乗り越えていくべく、真理に満ちたイエスの福音に従いながら、信仰のたいまつを高々と掲げていくことが求められているのではないでしょうか。本書を手に取ってくださった読者の皆さんが、これらの二〇〇人が語りかけているそれぞれの思いを受けとめつつ、そこから、これからの時代を生きぬくための信仰のヒントや秘訣《ひけつ》のようなものを汲み取っていただければ、筆者としてこれに勝る喜びはありません。

須永　和宏

凡例

※本書で引用した聖書の箇所は、すべて新・旧約とも日本聖書協会発行の『新共同訳聖書』を使用しました。

※本文中の各著書の引用文の文字の表記については、読者の読みやすさを優先して原文とは少々異なる表記にしてあります。

※引用文が旧仮名遣いとなっている場合には、すべて新仮名遣いに改めてあります。

※どの時期に活躍された方なのかを知っていただくために、お名前の後にカッコ書きで生まれ年と亡くなられた年を記載してあります。しかし、引用した文献の奥付などにその記載がなく、その他の文献やインターネットなどに当たって調べてみても判明しなかった方については、「出生年など不詳」と表記しました。

※取り上げた神父・牧師・一般の人などのお名前には、すべて敬称を省略させていただきました。

※本書に引用した二〇〇人のことばは、神父、牧師をはじめとする二〇〇人の方々の著書からその一部を抜粋させていただきましたが、ここに記して、それぞれの皆さまに深謝します。

目次

目　次

目　次

信仰 1

——待つことは希望すること

いつでも心を引き締め、身を慎んで、イエス・キリストが現れるときに与えられる恵みを、ひたすら待ち望みなさい。

（一ペトロ1・13）

1　ヘンリ・ナウエン神父

一九三二〜一九九六年

待つことの秘訣は、種はすでに蒔かれており、そこに何ごとかが始まっていると信じることです。

『待ち望むということ』より

ヘンリ・ナウエンの書物は、行き詰まりを見せている今の時代に一条の光を投げかけてくれるとよく言われます。たしかに私たちは、このようなことばに出合いますと、あらためて信仰の泉がふつふつと湧き出してくるような、そんな感覚を味わいます。けれども、私たちは「待つ」ことがひどく下手《へた》な時代に突入してしまいました。なぜなら手元にはスマホを代表とする便利な機器などがあって、何事も待たずに済ませられる便利な時代になっているからです。その点についてナウエンは、それは私たちが将来への漠とした「恐れ」にとりつかれてしまっている証拠だと説明しています。そして、彼は、こんな時代だからこそ「自分の願望を手放し、希望を抱く人」になってほしいと訴えているのです。ナウエンはイギリス人。

2 シモーヌ・ヴェイユ

一九〇九～一九四三年

見つめることと待つこと、それが美しいものにふさわしい態度である。

『重力と恩寵』より

右のことばを引用した『重力と恩寵』は、生前、ヴェイユが書きとめていた十数冊の雑記帳を編纂《へんさん》刊行したもので、死後、これによってヴェイユの名は初めて世に知られるようになりました。彼女の書いた書はいずれも難解ですが、その中でも右のことばはかなりシンプルで、比較的分かりやすいものです。恋をしている青年が相手を恋い焦がれる思いで見つめながら愛の返答を待ち続けるときほど美しい心はないでしょう。もちろん、ここでの見つめること待つことの対象は、神であることは言うまでもありません。「自分を低くすることは、精神的な重力に反して上っていくことだ。精神的な重力は、私たちを高い方へおとす」ということばも見られます。へりくだりや謙遜こそ、神の高みに引き上げられるための信仰の要諦であると、ヴェイユは伝えたかったのでしょう。フランス人。

3 ラニエロ・カンタラメッサ神父

―一九三五年～

運動競技におけるハイジャンプ（走り高飛び）と同じことが、信仰についても起こります。各ジャンプが成功すると、ポールは少し高くされ、そうすることによって以前の記録が絶え間なく更新されます。

『キリストにおける生活』より

カンタラメッサ神父は教皇聖ヨハネ・パウロ二世が最も信頼を寄せていた聴罪司祭でした。ここでは神の恵みが信者の霊魂にどう働くかを説明していますが、最初は「しるしを伴う信仰」に始まって「しるしを伴わない信仰」へと導かれると言います。それは人をより深く、より純粋な信仰に導くためです。信者が信仰における何らかの妨げに出合ってそれを克服すると、神はさらに大きい妨げを置かれて、もっと高く飛躍させようと励まされるのです。ただし、たとえ自分の背より高いポールへのジャンプに挑んで失敗したとしても、神は、その前の到達した記録を決して帳消しにはなさらず、さらに訓練を積み重ねていって栄光への飛躍を期待されるのです。カンタラメッサ神父はイタリア人で、神学者。

4 内村 鑑三

一八六一〜一九三〇年

信とは、神の誠信を信ずるの信なり。望とは、復活と永生と来たらんとする神の王国とを望むの望なり。愛とは、十字架につけられ死して甦《よみがえ》りしキリストにおいてあらわれたる神の愛なり。世に勝つものはこの三つのものなり。

『一日一生』より

これ以上の説明の仕方はないというほど、単純明快にキリスト教の本質を解説したことばです。これは聖パウロの「信仰と、希望と、愛、この三つは、いつまでも残る。その中で最も大いなるものは、愛である」（一コリント13・13）に基づいています。鑑三はキリスト教徒になってから、一貫してキリスト教の真理を高々と掲げ、時代に抗して戦ってきました。彼はあるところで、「私は今、無教会の信者である。しかしながら、もし教会に入るとするならば、私はローマ・カトリック教会に入ろうと思う。これは最も固い、最も世界的にして、最も完備せる教会である」とまで述べています。無教会主義の伝道者。

5 ジェームズ・ハヤット神父

一九二二～二〇〇九年

暗いと不平を言うよりも、すすんで明かりをつけましょう。

このことばは、どこかで一度は耳にしたことがあるのではないでしょうか。そう、これはラジオやテレビの放送「心のともしび」で使われているスローガンです（もともとは、米国クリストファー・ムーブメントという組織が使用していた標語だそうです）。わが国におけるこの布教活動は、一九五二年にハヤット神父が私財を投じて始めたそうですが、今日まで延々と続いてきました。私たちは物事がうまくいかなければ、つい「暗い、暗い」と周囲に不平をこぼしがちになります。暗くしている状態を作っている元凶が、実は自分であることになかなか気がつきません。いつも誰かのせいにしたり、誰かに頼って明るくしてほしいと訴えてばかり。そんなとき、ハヤット神父は、私たちに心の明かりを灯してくれました。自分から進んで明かりをつけようとする態度こそ、イエスの語る「世の光」の本来的な意味なのでしょう。ハヤット神父はアメリカ人。

6 ヘレン・ケラー

一八八〇〜一九六八年

今は沈黙と闇の中に閉じ込められていますが、私が死によってそれらから解放された時は、私には千倍もの視力を与えてくれる光があることが信じられます。

『わたしの宗教』より

ヘレン・ケラーは、三重苦という身体的障害のある社会福祉事業家というイメージが強いためか、信仰者としての彼女の姿が語られることは比較的少ないと言えます。

右のことばを引用した本書の他の箇所に、このようなことばも見られます。

「私は自分が受けている三重の障害をどんな意味でも、それを神罰であるとか、偶然の出来事であるとか思ったことは決してありません」と。ケラーはある日、直観的なひらめきを伴う啓示を受けて、アメリカの地から空間を越えて遠く離れたアテネ（ギリシャ）の地まで行ってきた、という驚くべき体験を語っています。

「目の見えない人は見え……」というイエスの（マタイ11・5）のみことばは、まさに現実のことになったのです。ヘレン・ケラーはアメリカ人。

7　桜井　彦孝神父

一九四二年〜

洗礼を受けたから、もう何も不安や恐れがなくなったというのではありません。突然、悟りきった聖人になったわけでもないでしょう。しかし、地上の事柄だけにとらわれていた過去の自分とは違って、信仰という心の自由をもって現実を見ようとする新しい自分に気付かされます。

『母の遺言』より

洗礼にあずかったときのあの緊張感は一種独特なものがあります。受洗後、一人になったとき、静かな喜びがひたひたと押し寄せてきます。と同時に、ある種の期待をもって生まれ変わっている自分を見いだそうとするのですが、あまり変わりばえしない自分に直面して、ちょっぴり不全感も味わいます。しかし、教会生活を送るうちに「信仰という心の自由」――私はこれを「飛翔する信仰の翼」と呼びたい――が与えられて、いつの間にか後ろ向きではなく前向きになっている自分に気づきます。それこそが桜井神父が言うように、「永遠の命に希望をおいている新しい自分の発見」なのでしょう。

信仰 2

――神の恵みと賜物

恵みの倉である天を開いて、季節ごとにあなたの土地に雨を降らせ、あなたの手の業すべてを祝福される。

（申命記28・12）

8 ペトロ・ボン・エッセン神父

一九三二年〜

私たちの信仰はブランコに乗っているようなものです。ある時、熱心になってグーンと前に進んだかと思うと、いつのまにかその熱意が冷め、元の状態どころか、勢いをつけてもっと後退してしまいます。でも起伏というのはだれにでもあることです。

『愛されて愛する』より

前後に揺れるブランコを見ていると、たしかに私たちの信仰はブランコに似ています。しかも前進するだけでなく勢いよく後退することもしばしば。もっとも起伏や紆余曲折があるのが私たちの人生であり、それこそが宿命なのでしょう。ペトロ神父は、たとえや比喩を使っての説明がお上手です。他の箇所では、ひまわりに例えて、「朝から夕べに至るまで心を太陽（イエス）に向けよう。それが回心です」というようなことを教えてくれていますし、また別の箇所では、「私たちの人生の旅は往復の観光旅行ではありません。片道の旅なのです」といったユニークな表現もしています。ペトロ神父はアメリカ人。

9　ホイヴェルス神父

一八九〇～一九七七年

信仰は私達から創るものではない。神のプレゼントです。だからあまり深く考えなくていい。神がなつかしくなればいい。『ホイヴェルス神父のことば』より

ホイヴェルス神父は、信仰というものはあまり大仰に考えずに、普段着でただ「神をなつかしく」なって慕うだけでいいと言っています。右のことばに前後して、「祈りの基本は――自分の分かる範囲で、子どもの心で神に信頼して、『神よ、あまりひどいことをしないでください』と祈ること」といった一見型破りの文章も見られます。要するにホイヴェルス神父が言いたかったのは、恵み一つに限ってみても、人間の側がジタバタしてもしょうがない、神が一方的に与えてくれるものだから、ということなのでしょう。ホイヴェルス神父を良寛になぞらえた人がいましたが、まさに俗世に超然として生きた人だったと言えましょう。ドイツ人で、一九二三年に宣教師として来日。半世紀を日本で過ごされました。

10　尻枝　正行神父

一九三二～二〇〇七年

信仰は瞬間的にパッと燃え上がる藁火《わらび》のような熱狂ではなく、一生涯ジワジワと燃え続ける熾火《おきび》のような持久力です。

『愛の奇蹟～バチカンの小窓より33通の手紙』より

新興宗教は、ともすればパフォーマンスが派手で、一様に熱狂的な布教活動をしていることがうかがわれます。そして、一見、その布教は成功しているように見えます。しかし、私たちのローマ・カトリックはそれとは正反対に、燃え上がるには少々時間がかかるものの、ひとたび信仰の火がつくや否や、尻枝神父が語っているようにジワジワと熾火のように燃え続け、簡単には消えないという特性をもっています。その理由の一つは、おそらく他の宗教にはない〝聖霊〟が私たちのうちに働いてくださっているからではないでしょうか。そこには地味で静かなたたずまいも見られます。尻枝神父は、長らくローマ法王庁宗教対話評議会で事務局次長を務めるなどして、教皇に仕えました。

11 酒枝《さかえだ》 義旗《よしたか》

一八九九〜一九八一年

キリスト者となるということは、神の愛の力をいただき、神の武具をつけて、この戦いに勇ましく参加することです。この意味で信仰生活こそは、最も深い意味における戦いでなければなりません。

『酒枝義旗著作集　第九巻』より

このことばは、聖パウロの書かれた「悪魔の策略に対抗して立つことができるように、神の武具を身に着けなさい」（エフェソ6・11）を念頭においていることは言うまでもありません。では「神の武具」とは何なのでしょうか。それは真理と正義と平和の福音と救いと神のみことばのことです。聖パウロは、それらをもって全身を武装し、悪と戦いなさい、と告げています。酒枝義旗は実は私の大学時代の恩師で、一年間経済学を学びました。先生は内村鑑三につながる無教会主義伝道者で、講義の合間に聖書についても熱く語ってくださり、経済学の講義よりも、むしろ福音の内容のほうが印象深く心に残っています。その凛《りん》とした信仰の姿勢は、今も脳裏に焼きついて離れません。

12 ヘルマス

二世紀の人

信仰を守り通すにしても、真心から神様に畏敬を表すにしても、悪欲をおさえるにしても、まず第一に注意しなければならぬことは、まっすぐな人生の道を歩み、曲がりくねった道を歩まぬようにすることである。　『ヘルマスの牧者』より

『ヘルマスの牧者』という著書は、キリスト教の洗礼後に罪を犯した者を、すみやかに悔い改めさせることを主眼として書かれたものです。それも決して説教調でなく、物語風に読み進められる書となっています。右のことばは「信仰について」の項目の中の一節で、「まっすぐな人生の道」を歩むことが信仰の要諦だとして教えられています。聖書でも、この「まっすぐ」という概念がよく用いられていますが、預言者イザヤが「主の道を整え、その道筋をまっすぐにせよ」と指し示したのは、まさに洗礼者ヨハネのことでした。ヘルマスはギリシャ人で、少年時代に奴隷としてローマに売られ、そこで生活したと伝えられています。

13 A・M・ロゲ神父

一九〇六～一九九一年

エリザベト・レゾールは、「みずから上昇する魂は、世界をともに向上させる」と言っているが、罪は、それと正反対に、われわれの身体を寸断し、ぶどうの幹から枝を切り落とし、教会の建物を揺り動かし、みずから低下し、また世界をも低下させる霊魂にする。

『秘跡とは何か』より

上昇する魂とは、霊的な成長の一途をたどっている人のことを指しています。私たちは日々霊的成長を目指さなければ、いつの間にか霊的に退歩してしまうに違いありません。それが信仰の世界の法則なのでしょう。右のことばで教えられるのは、自分一人だけの信仰の進歩が、私一人の上昇・向上にとどまらずに、その影響が世界に及ぶという、その計り知れない神秘です。一方、たった一人の罪による堕落が、教会や世界をも低下させるほどの波紋を投げかけるという現実。神のみ前にあって、私たちの信仰のつながりや連帯性はなんと奥深いことなのでしょう。ロゲ神父はフランス人で、神学者。

14 J・ミシェル神父

出生年など不詳

硬い石に穴をうがつには、何億万の水のしたたりがいる。この水滴が石に穴をうがち出したのはいつからだろうか？　最初の一滴からである。もちろん、目にはなんの変化も認められないがそれは事実である。

『罪とゆるし』より

鍾乳洞《しょうにゅうどう》などに入ると、あちこちの天井から、よく水の滴りが見られます。ふと下を覗き込むと固い岩盤が水滴によって大きな窪《くぼ》みを作っていることが分かります。私たちは、そんなとき、そこに至るまでどれほどの時間を要したことかなどと、あれこれ想像をめぐらします。私たちの信仰の決心もそうであってほしい、とミシェル神父は言います。最初の決心とそれからの忍耐強い持続が、後々どのようにその人を変えていくのかは計り知れないほどです。最初のうがつ一滴が固い石を変容させるとしたら、悪へと傾く第一歩は、その人をどんな道へと誘《いざな》うことになるでしょうか。最初の一歩を踏み間違えずに、善へと傾く第一歩にしたいものです。

15 教皇ピオ十二世

一八七六〜一九五八年

公の礼拝が行われていない時間は聖堂を閉鎖するとか、尊い秘跡の礼拝や聖体訪問を怠るとか、信仰心を表すためになされる告解（信心告解）を拒むとか、聖人たちが「救霊予定」のしるしとまで考えていた神の母おとめマリアの尊敬を、特に青年時代に軽んじ、それをしだいに薄め消えるようにするとかいう傾向を許しておいてはならない。

『回章：メディアトル・デイ』より

これは司祭への厳しい注文ですが、信者への心構えとして読んでも教えられるものがあります。ピオ十二世はここで、「聖体礼拝・訪問」「ゆるしの秘跡」「聖母マリアへの信心」の三つを軽視してはならないと述べています。また、この回章には「敵が主の畑に侵入して、麦の中に毒麦をまかないように（マタイ13・24〜25）よく注意しなければならない……危険な『人間中心主義』が魂を惑わせ、カトリックの信仰の根本を動揺させる欺瞞《ぎまん》的な教えにまどわされないように」との忠告もみられます。

16 著者名不詳

二～三世紀

ひと言で申しますと、この世の中にいるキリスト信者は、肉体の中にある霊魂のような役割を果たしています。

『ディオゲネトスへ』より

『ディオゲネトスへ』は書簡集であり、全部で十二章から成り立っています。当時と比べれば現代は大きな変貌を遂げていますから、このようなことばは、もはや通用しないように思えるかもしれません。がしかし、信仰と現実のはざまで生活をしている私たちにとって、このようなことばは案外励ましになります。その直後で著者は、「霊魂が体に住んでいても体のものではないように、キリスト信者はこの世に住んでいながらこの世のものではありません」と付け加えています。初代教会においては、キリスト信者は世俗の中にあって神の愛の灯《ひ》を心の中にいかに保つべきか、どのように世の圧迫に抵抗しながら、それを克服していくべきかといったことを念頭におきながら闘っていましたから、このようなことばに接しますと、私たちは、なぜか心が奮い立たせられます。

17 椎名　麟三

一九一一～一九七三年

自分をクリスチャンである、と言っても嘘《うそ》をついていることになるし、クリスチャンでない、と言っても嘘をついていることになる、というのが、私たちの悲しむべき運命なのである。

『私の聖書物語』より

右のことばはいかにも正直な信仰告白です。私たちも本当はクリスチャンであることを胸を張って告白することにためらいを覚えるあわれな存在ではないでしょうか。今は椎名麟三の名前を知る人は少ないと思いますが、れっきとしたクリスチャン作家です。いずれの作品も卑近な日常生活を素材にしていて、〝神における自由〟について探究しました。すでに亡き文芸評論家、佐古純一郎によれば、椎名が聖書を読み始めたのは刑務所（左翼系思想家として特高に検挙された）に入所中のことで、差し入れのニーチェの『この人を見よ』を読んで感動し、そのニーチェが罵倒しているそのキリスト教というものはなんだろうという好奇心から聖書を読み始め、逆に引きつけられて転向するに至ったと言います。

信仰 3

——神の前にへりくだるということ

わたしは、高く、聖なる所に住み
打ち砕かれて、へりくだる霊の人と共にあり
へりくだる霊の人に命を得させ
打ち砕かれた心の人に命を得させる。（イザヤ57・15）

18 ジョセフ・シュリーヴェルス神父

一八六九〜一九三五年

あなたがイエス・キリストとともに成長したいと思えば、隠れた生活をしなければなりません。謙遜を守り、あなたの中にある特別なことは、一つも外に出さず、いつも、いちばん最後の席に座るように努めることです。『私のおん母』より

ここでは「隠れた生活」「謙遜」「最後の席」といったキーワードが用いられていますが、それらは残念ながら教会内においてさえ、あまり人気がありません。ましてや教会から一歩外に出れば、その反対に「自己主張」「自己宣伝」「自己開示」といったキーワードばかりが受け入れられています。だから私たちは、そのはざまで葛藤せざるをえません。しかし、ひとたび信仰の世界に足を踏み入れた私たちは、主イエス・キリストの示してくださった、目立たない道、隠れた道、謙遜の道を歩まなければならないのです。たとえ世に認められず、侮《あなど》られ辱《はずかし》められようとも。シュリーヴェルス神父はベルギー人。

19　望月　光神父

一九〇九〜二〇〇〇年

大きく飛躍する前に小さく謙遜になることが必要である。真に謙遜になるには、神から与えられた自己の偉大さを十分に知ることが必要である。小さく無に徹してこそ大きく神に伸びる。そして十分伸びることは、また一層神の前に小さくなることを促す。

『サタンについて　救いについて』より

神の前にへりくだり、無に徹して小さくなること。それが神に喜ばれ、大きく飛躍するための条件だと望月神父は言います。ひと言で言って、それは謙遜の道です。しかし、それは自己卑下とは似て非なるものでしょう。私たちは神から与えられた自己の偉大さをもちゃんと認識していなければなりません。「詩編」八章六節に「神に僅かに劣るものとして人を造り」と書かれてあるとおり、神は取るに足らない私たち人間を、「神に僅かに劣るもの」として創造してくださったからです。ああ、なんという幸いでしょう。しかも私たちは同時に神に限りなく近づくことのできる恵みも与えられているのです。

20 著者名不詳の一修士

この世で傲慢な人は、後の世では主の憐れみを受けて天国に生まれることはできません。主の憐れみを受けて、天国に生まれる人はただ、この世で謙遜である人だけに限るということは疑うことのできぬ道理であって、昔も、今も、また将来も変わることのないところです。

『謙遜の栞《しおり》』より

ずばり言い切っていますから、これに対してコメントする余地はありません。著者はこの小冊子で終始、謙遜の重要性を説いています。そして読んでいくうちに、主がいかに傲慢を嫌って謙遜を喜ばれるかが、しだいに分かってきます。イエスご自身、「わたしは柔和で謙遜な者だから、わたしの軛《くびき》を負い、わたしに学びなさい」（マタイ11・29）とおっしゃっておられるように、謙遜は柔和という用語とともにイエスという人格、ご性質をよく言い表し得ているキーワードではないでしょうか。ただし、「偽りの謙遜」（コロサイ2・18）ということもありますから（それは偽善と言うべきでしょう）、気をつけなければなりません。

21 東方教会の一修道士 ――二十世紀

キリストの御目にとって、霊魂の、神に向かう上昇は、下降でもある。それは特に、小さくなることのうちにある。

『JESUS（イエズス）』より

霊魂は神のもとへの「上昇」とばかり受けとめてきた私にとって、著者の示された「下降」という視点には新鮮さを覚えました。イエスご自身も弟子たちが、自分たちのうち誰がいちばん偉いかという議論をしていた際、一人の幼子をご自分のそばに立たせて、「あなたがた皆の中で最も小さい者こそ、最も偉い者である」（ルカ9・48）と言われたように、たしかに小さくなることのへりくだりの道こそが、イエスのもっとも好まれる道なのでしょう。リジューの聖テレジアはまさに、この「幼子の道」を歩まれました。筆者は、イエスに手を引かれながら謙遜な道を歩むことこそ下降の道であり、いずれその道は上昇に転じると断言しています。その著者名は東方教会の一修道士としか書かれていませんが、第一次世界大戦後に修道士になったと言われています。

22 荒野の一師父

四世紀

ある隠者は、天使などの霊を目《ま》の当たりにしたと主張する人々のことをどう思うかと尋ねられ、こう答えた。「自分の失敗をつねに目前におく者こそは幸いである」と。

『荒野の師父らのことば』より

禅問答のような趣《おもむき》がありますが、なぜか心にストンと落ちるものを感じます。私たちは、みずからの信仰の成長が感じられ、その恵みを感謝せずにはいられなくなるとき、そのことを身近な人に打ち明けたくなるものです。ましてや、不思議なことを体験しようものなら、心はよけい逸《はや》ります。隠者は、こう答えます。

「みずからの失敗を見つめ続けていることこそ幸いである」と。隠者は口にこそ出していませんが、言外に「そのように主張する人々（天使などに出会ったと自慢気に語る人々）は、いつ何時、信仰の憂き目に遭うともかぎらないよ」と言いたかったのかもしれません。みずからの罪や失敗や過ちなどに向き合うことはつらいことです。でも、そこから本当の信仰の喜び、幸せへの道が開けてくるのではないでしょうか。

23　佐藤　初女《はつめ》

一九二一～二〇一六年

ある交差点にさしかかって立ち止まったとき、ハッとひらめいたのです。それは「心」でした。心は水が湧き出るように無尽蔵に絶えることがない。心を与えることは私にもできる。こう考えついたとき、周囲の風景が突然明るくなったような気がして、私は本当に豊かな気持ちで満たされました。

『おむすびの祈り』より

佐藤初女は青森県の岩木山麓に「森のイスキア」と称する癒やしの場を主宰して、これまで多くの悩みや問題を抱える人々を受け入れてきました。とりわけ、「食はいのち」という考え方のもと、素朴な味そのままの食事を提供することによって、どれほど多くの人々を癒やしてこられたことでしょう。右の文章はエッセー集の一節ですが、なんとナイーブでみずみずしい発見をされる方でしょうか。心をこめて人のために尽くす。それが最後まで彼女の人生の主旋律でした。佐藤初女はカトリック信徒。

24 渡辺　和子修道女

一九二七〜二〇一六年

私たちは、キリストのともしびから火を分けていただいて、それぞれが、置かれたところで、一隅を照らす光でありたいものです。

『置かれた場所で咲きなさい』より

このようなことばを聞くと、私たちはなぜか素直になって心が澄んでくるような思いがします。おそらく「置かれた場所で」ということばの響きが、私たちに心の安らぎを与えてくれるからでしょう。逆に言えば、私たちは、今、置かれた場所に満足していないということが言えるのかもしれません。人に認められたい、人から評価されたい、人から愛されたいというような受け身の思いを抱いているかぎり、いつまでたっても私たちは現状に満足することはないのでしょう。今置かれている自分の場所に光が差し込んできたと思えたら、しめたものです。キリストの光を分け与えていただいているという喜びを味わえたとき、私たちは、はじめて周囲を照らす光の一つに変化しているのでしょう。享年八十九。

25 三浦　功神父

一九三〇年～

毎晩眠る時に、これから死ぬことを練習するのだとユーモラスに考えてみることも、また死をその練習の続きと思えば、怖くはなくなるでしょう。実に神様は私たちを毎晩、眠らせながら、実際に死ということを、練習させていてくださるのだと思います。

『生と死の彼岸《かなた》にあるもの』より

私事になりますが、二十歳に達するまで「死の恐怖」からなかなか解放されることがありませんでした。キリスト教に入信したのも、この「死」の問題を克服し解決したい一心からでした。その甲斐《かい》あって、私は今ではすっかり「死」が怖くなくなりました。「ロザリオの祈り」では一つの玉を繰るたびに、「今も死を迎えるときもお祈りください」（文語は「今も臨終のときも祈りたまえ）と祈って、絶えず「死」（臨終）を思い起こさせられますが、西欧では昔から「メメント・モリ」（死を忘れるな）というような警句があります。三浦神父は、まことにうまいことを言ったもので、「毎晩の眠りは死の練習だ」と言うのです。

信仰3

26 アレキシス・カレル

一八七三～一九四四年

死にかかっていた少女が回復しつつある。それは死者の復活であり、奇蹟そのものであった。

『ルルドへの旅』より

〝聖地ルルド〟（フランス）は、一八五八年に聖母マリアがベルナデッタ・スビルーに出現された場所として有名です。その四十数年後に巡礼団の医師の一人としてカレルはルルドへの旅に加わりました。その巡礼団の中に結核性腹膜炎という重い病にかかったマリー・フェランという少女がいました。引用した書は、今まさに命絶えようとしているフェランが、下腹部にルルドの泉の水をかけてもらって奇跡の回復を遂げるまでの過程が克明に書きつづられています。また、「それが奇蹟だとしたら、そこから引き出せるただ一つの結論は超自然的なものの存在を認めることだった」と述べ、それまでカトリック信者でありながら懐疑主義者でもあったカレルは、一転して忠実な信仰者となったのです。後にカレル医師はノーベル生理・医学賞の他、数々の栄誉に輝いていています。フランス人。

27 ウィリアム・ドイル神父

一八七三〜一九一七年

主人の足元にいる忠実な犬のようにおなりなさい。本当に忠実な犬は、主人に罰せられても、いつのまにかまた彼の足元にもどって来て、その手をなめるのを見たことがあるでしょう！　あなたも同じようになさい。主はそれ以上のことを望んではいられません。

『成聖の秘訣』より

渋谷駅前に「忠犬ハチ公」の銅像が置かれていることはご存じでしょう。死去した飼い主の帰りを渋谷駅前で約九年間待ち続けたと言いますから、いかに主人に忠実な犬であったかが分かるでしょう。私たちも日頃、主に対して忠誠を誓い、同じように主の足元にひれ伏して仕えているでしょうか。ときどき主の足元からふらふらと離れ去り、主に心配をかけて困らせてはいないでしょうか。ドイル神父は人事不省に陥った老人の枕元で八時間祈り続け、ついに正気に立ち返らせて〝臨終の秘跡〟を授け、安らかにあの世に旅立たせたというエピソードも残されているほど、主に従順な司祭でした。アイルランド人。

信仰3

天国と永遠の生命

——この世で神の種を宿す

「あなたたちは聖書の中に永遠の命があると考えて、聖書を研究している。ところが、聖書はわたしについて証しをするものだ。それなのに、あなたたちは、命を得るためにわたしのところへ来ようとしない」。

（ヨハネ5・39〜40）

28 里脇浅次郎枢機卿

一九〇四～一九九六年

「神から生まれた人は皆、罪を犯しません。神の種がこの人の内にいつもあるからです」（一ヨハネ3・9）。この種が芽生えて、永遠の生命の実を結ぶことが神のみ旨である。私たちにこの永遠の生命の芽がある限り、私たちもいつか栄光の復活に与《あず》かることができる。

『カトリックの終末論』より

私たちは教会において「永遠の生命」ということばを頻繁に耳にはしていますが、必ずしもその意味を正確に把握しているわけではないようです。里脇枢機卿は、ここで永遠の生命について、かみ砕いて説明してくれています。共観福音書では「永遠の生命」は世の終わりの体の復活の後に始まるものとされていますが、特にヨハネ福音書では、同時にこの世において今すでに始まっている生命だとも語っています。ただし、「神から生まれた者」という前提条件が必要です。御子キリストを信じて受け入れた者は、その時点で、すでに「永遠の生命」を実らせる神の種が宿っており、その種が、やがては芽生え始めるというのです。

29　ニュッサの聖グレゴリウス

三三〇年頃〜三九五年頃

わたしのために、あなたは死の恐怖を希望に変えたもうた。いのちの終わりを、まことのいのちの初めとなしたもうた。

『古典の祈り』より

この祈りは十字架に釘づけされたイエス・キリストへの賛歌で、「終わりに」というタイトルが付いています。その内容は、キリストの十字架の死によって救いと希望が到来し、いのちの終わりがいのちの初めになったというのです。この十字架の出来事とそのしるしはなんと偉大な神秘でしょうか。先にも述べたように、幼い頃から死の恐怖に脅かされてきた私にとって、まさにこの死の問題の克服は大きな課題でした。そんな私に、ある日、突然、十字架の光が差し込んで来たのです。そのとき初めて、死はまことの命に入るための門であることがようやく理解できて、ホッと安堵の胸をなでおろしたことを覚えています。聖グレゴリウスはキリスト教神学者。第一回コンスタンティノポリス公会議でアリウス派（異端）を反駁《はんばく》した人として著名な人です。

30 教皇レオ十三世

一八一〇～一九〇三年

神は、もろく、朽ち去る事物のためにわれわれを造りたもうたのではなく、天国の永遠の事物のために造りたもうたのである。神が地をわれわれに与えたもうたのは、永住の地としてではなく、流謫《るたく》の地としてである。

『レールム・ノヴァルム（労働者の境遇）』より

レオ十三世は、進展する世界と教会との間に深い溝が掘られていくのを見抜き、多岐にわたる社会回勅などを発布しています。引用した箇所は、社会問題、特に経済的側面との関連において信仰の問題を扱っていますが、労働者がたとえ高い賃金をもらって生活にゆとりができても、霊的に低下してしまったならば何の意味もないと警告し、「人生の目的は永遠の生命」であることを強調しました。教皇の在位期間は二十五年にわたり、「大教皇」と呼ばれています。今はあまり唱えなくなりましたが、あの「大天使聖ミカエルの祈り」は、レオ十三世教皇の作だと言われています。イタリア人。

31 ペトロ・ネメシェギ神父

一九二三年〜

キリスト者の希望とは、「愛は永遠だ」という確信にほかなりません。その希望の根拠は父なる神の愛とイエス・キリストの復活です。神が愛であるから、またイエスが復活したから、わたしたちは、人生がむだではないこと、愛する人のうちに永遠の生命が今すでに始まっていること、愛は死より強いことを知っています。

『キリスト教とは何か』より

ネメシェギ神父の根底にある信仰の精神は、ひと言で言って「希望」なのでしょう。引用した著書には、その希望ということばがちりばめられています。もちろん、聖書にも「希望」という文言の記述が数多く見受けられますが、その中でも「こうしてわたしたちは、キリストの恵みによって義とされ、希望どおり永遠の命を受け継ぐ者とされたのです」（テトス3・7）と書かれてあるとおり、私たちは永遠の生命を約束してくださっているキリストに、一切の望みを託しているのです。ネメシェギ神父はハンガリー人で、元上智大学名誉教授。

32 下山　正義神父

一九一〇〜一九九六年

私たち人間は、この地上生活において二つの意欲を持っています。それは、地上的快楽への欲望と天国を渇望する欲念です。物欲をすてて、いつ世の終わりが到来しても、あわてふためくことのないよう、常に心を準備していなければなりません。物質的な欲望のとりこになっているものには、世の終わりの前兆をさとる心の眼は開かれません。

『荒野に叫ぶ声』より

説教集からの抜粋です。どのページを開いてみても大胆に信仰の神髄が示されていますので、読んでいて小気味よい。私は残念ながら一度も下山神父にはお会いしたことはありませんが、間接的にその人となりについて耳にすることはありました。下山神父は、「教会の信者のしつけもほったらかしにしておれば、利己主義的な、主観主義的な信者ばかりが増えて、日本のカトリック教会の将来の歩みが危ぶまれる」といった預言めいたことばも残していますが、ここでも下山神父の揺るぎない信仰の姿がよく示されているように思います。

33 ゼノ・ゼブロフスキー修道士

――一八九一〜一九八二年

ゼノ死ヌヒマナイ　天国ニ行ッテ休ミマス

『ゼノ死ぬひまない』より

ゼノ修道士は〝蟻の町の神父〟として、よく知られています。一九三〇年、彼はコルベ神父と共に来日し、まずは長崎の地に「聖母の騎士修道院」を建設して、もっぱら布教誌「聖母の騎士」の出版・普及に力を入れました。長崎の原子爆弾投下ではみずからも被爆しましたが、戦後は戦災孤児や恵まれない人々への救援活動のために尽力し、東奔西走するようになりました。特に東京・浅草の「蟻《あり》の町」では、北原怜子（帰天後の二〇一五年に尊者）との出会いもありました。こうしてゼノ修道士の救済活動は全国各地に及び、立ち遅れていた行政に先駆けて救援の手を伸ばしては、多くの人々を救いました。一九八一年二月にヨハネ・パウロ二世教皇が来日した際、ゼノ修道士は教皇との特別接見の機会が与えられ、感激してむせび泣いたというエピソードも残されています。口癖は「ゼノ死ヌヒマナイネ」でした。ポーランド人。

34 島　秋人《あきと》

一九三四〜一九六七年

身に持てる　ものみな神に還《かえ》すもの　生命《いのち》ひとつは愛《かな》しかれども

書簡集『空と祈り』より

島秋人は、終戦後の一九五九年の夜、飢えに耐えかねて農家に押し入って二千円を奪取し、そのとき鉢合わせした家人と争って殺害。その罪で死刑囚となって八年間の獄中生活を送り、一九六七年に処刑されたという経過をたどった方です。享年三十三でした。彼は不幸な生い立ちで、幼少の頃から日本脳炎や結核などを患い、病弱の人でした。その後遺症から知的障害もあり、勉学が著しく遅れたと言います。そればかりでなく周囲から疎《うと》んじられ性格は荒《すさ》みました。ところが、刑務所に入所中、作歌の手ほどきを受けたことがきっかけとなって、その潜在的な才能が開花し、身も心も清められていきました。処刑前夜に、「この澄める　こころ在るとは識《し》らず来て　刑死の明日に迫る夜温《ぬく》し」という歌も書き遺しています。二十八歳のとき、キリスト教の洗礼を受けて信者となりました。

35 ラウール・プリュス神父

一八八二～一九五八年

「安息」という言葉は、無為の涅槃《ねはん》のように解釈してはいけない。天国とは、最大の活動である観想と愛が行われる所である。この観想と愛することこそ、活動中の活動と言える。

『ミサ聖祭』より

私たちは身内や身近な人が亡くなられると、その遺影に向かって「永遠にお休みください」ということばをかけて生前の働きをねぎらいます。このように「安息」を祈ることはキリスト教の葬儀においても当たり前のようになされてきました。しかしプリュス神父は、天国に赴いた霊魂は、安息どころか多忙だと言います。その多忙の中身は「観想と愛」に満ちあふれた世界で、休む暇さえないらしい。聖書には具体的な天国の描写は少ないので私たちは想像をめぐらすしかありませんが、すでにこの世において観想と愛をもって天を仰ぎみる習慣を身につけていれば、おそらくその現実がおぼろげながらも信じられるようになってくるのでしょう。プリュス神父はフランス人で、神学者。

祈り

――かそけき神の声を聞くために

慈しみを注いでくださる神よ。耳を傾け、目を開き、あなたの僕の祈りをお聞きください。

（ネヘミヤ1・5～6）

36 フェデリコ・バルバロ神父

一九一三〜一九九六年

主よ、星を見るために、われらには闇がいる。あなたのひそかな声を聞くために、われらの心には沈黙がいる。

『愛を求める心』より

たしかに昼間、星を見ることはできません。太陽の光が星の瞬きを消してしまいますから。輝く星を空に見上げることができるのは、やはり闇夜でなければなりません。それも闇が深ければ深いほど星の輝きは増します。その点で都会から離れた過疎地のほうが、満天の星が降るのを目の当たりに見ることができるでしょう。一方、神のかすかな声を聞くためには、心の沈黙という条件が求められます。「喧騒《けんそう》の中では決して神の声は聞こえない」と書いたのは『沈黙の世界』の著者、マックス・ピカート（本書153項に掲載）でした。沈黙は沈潜、潜心、黙想、観想、静寂といったことばにも置き換えられますが、現代は沈黙どころか饒舌《じょうぜつ》の世界に陥っています。周囲を見渡すと、やかましいことばばかりが飛び交っています。バルバロ神父はイタリア人で、一九三五年に来日。

37 プラチド・イバニエス神父

—一九三四年〜

慰めや喜びが感じられない時であっても、少しも悲観することはないのです。神は必要なものを、必要としている人に、必要なだけお与えになりますので、もしも私たちがそれが与えられないのなら、それは今、私たちに必要ではないものだからです。

『祈りの道』より

私たちは祈りに祈っても慰めや喜び、あるいは恵みが与えられなければ、不謹慎ながら神は私の祈りをお聞きくださっているのだろうか、と疑問を抱いてしまうのではないでしょうか。イバニエス神父は、右のことばによって、それに対する回答を示してくれました。「必要なものを、必要としている人に、必要なだけ」という神のご意向に異を唱える人はおそらくいないでしょう。別の箇所では「旧約聖書における『忍耐』は、希望という意味をも含んでいるから、単に我慢するだけでは不十分。明らかに希望をもって今を耐えるという言い方にしなければ」とも述べています。スペイン人で、一九六二年に来日。

38 アグネルス・コワルツ神父

出生年など不詳

祈りは霊魂における空気である。

『天の鍵』より

引用した右の書は大正十二年（一九二三年）刊行となっていますから、いかにも古い。ですから、当時の神父の教えを今さら持ち出さなくてもと思われたかもしれません。がしかし、ここでは信仰の秘訣が詳細に解き明かされていて、内容としては決して古くはなっていません。目次には、「祈りとは何か」に始まって、「感謝の祈り」「願いの祈り」「いかに祈るべきか」「いかなるわけで主は祈りをお聴きなさらないか」といった項目が並び、さらに「どこにおいて祈るべきか」「いつ祈るべきか」「誰のために祈るべきか」など具体的な実践方法も述べられています。その中で「祈りは霊魂における空気である」と書かれてあることばが私の目に飛び込んできました。私たちは日頃、空気の存在に気づいていないものの、空気がなければ片ときも生存することは不可能です。それと同様、祈りなくしては霊魂は死に絶えてしまいます。ここに信仰の神秘が示されているのでしょう。

39 ピーター・フォーサイス牧師

一八四八〜一九二一年

祈りと感謝は肺の二重運動に似ている。すなわち、祈りによって吸いこまれる空気は感謝と共に再び吐き出されるからである。

『祈りの精神』より

わがカトリックでは祈りの名著としてアルフォンソ・リゴリオの『祈りの偉大なる力』がよく紹介されますが、プロテスタントでは、この『祈りの精神』が昔からよく読まれていて、祈りの古典となっています。フォーサイスは肺の機能になぞらえて、祈りを吸気とし、感謝を排気と表現していますが、祈りと感謝が相まってこそキリスト者はその使命をよく果たすことが可能なのでしょう。祈りが進めば、それは神への賛美にまで高められ、私たちは神から祝福という恩恵をいただけるに違いありません。さらにまた、私たちはその恩恵に対して感謝で応答します。その反復が空気を呼吸するように自然にできたらどんなにかすばらしいことでしょうか。そのためには、ひとえに聖霊による働きを願い求めるしかないのでしょう。フォーサイス牧師はイギリス人で、神学者。

40 アドルフ・プティー司教

一八二二～一九一四年

もし私たちの祈りが主の御耳に入らないようなことがあるとすれば、それは私たちの願いが主のみ旨にかなわないものであるか、あるいはその代わりに、何か大きなお恵みを私たちに下さるためである。

『船路』より

私たちは時間をかけ一心に祈っても祈りが聞き届けられないことがあります。そんなとき私たちは、不遜ながら祈っても無駄ではないかといった疑心暗鬼の気持ちを抱いてしまいます。プティー司教は、その理由を二点あげています。一つは、そもそも「私たちの願いが主のみ旨にかなわないものだったのではないか」という理由です。もう一つは、後から願っている以上の「大きなお恵みをくださるため」という理由です。もしも前者がその理由になっているとすれば、私たちは謙虚に祈りの仕方を改めなければなりません。後者の理由であれば、神は私たちに「待つ」ことによって「忍耐」を学ばせようとしているのだと考え、引き続き主に信頼して、その恵みを乞い願いましょう。プティー司教はベルギー人。

41 ピエール・シャルル神父

一八八三〜一九五四年

神の御名において預言者エリヤが、サレプタの貧しい一寡婦の油を祝したとき、この祝福もまた、見えざるままにとどまったのであった。……（一寡婦が）油を使うときになると、その時々の必要に応じて、新しくふえてくる。それ以上にふえることはない。……神は、ちょうどこの同じやり方で、私たちの霊魂の中で働きたもうのである。日毎に主は、私たちを満たすに足りるだけの恵みを与えたもう。

『聖霊の小徑《こみち》』より

引用の文章は、「列王記 上」十七章からとられた、よく知られた箇所です。私は、これまで「壺《つぼ》の粉は尽きることなく瓶《かめ》の油はなくならない」と書かれてあるのを、そのまま〝無尽蔵の恵み〟として受け止めていました。が、シャルル神父は「その時々の必要に応じて、新しくふえてくる。それ以上にふえることはない」と注釈を付けておられるのを読んでハッとしました。「主の祈り」の〈わたしたちの日ごとの糧〉の意味も、まさしくそうなのでしょう。シャルル神父はベルギー人。

42 エミール・ヌーベール神父

一八七八〜一九六七年

ペトロが、「み名によって網を降ろしてみましょう」と言って網を降ろすやいなや、不思議な大漁をすることができました。あなたの粉骨砕身の努力も、何度徒労に終わったことでしょう。これというのも、任務をはじめるとき、「み名によって」と唱えることを、忘れたからにほかなりません。

『わが理想』より

これは「ルカによる福音書」五章の冒頭に記録されている「漁師を弟子にする」話のひとこまです。「み名によって網を降ろしてみましょう」の箇所は新共同訳では「お言葉ですから、網を降ろしてみましょう」となっていますが、いずれにせよ、何事もイエスへの信頼をもって事に当たるか否かが、その日の成否の鍵だということなのでしょう。私たちは、毎朝、日常的な仕事にしろ、勤務先での仕事にしろ、まずはイエスにご挨拶し、一日をイエスに委ねることから開始しているでしょうか。とにかくその日の成功を確信し、イエスのご意向のままに働かせていただくことを決意しましょう。ヌーベール神父はフランス人。

43 パブロ・グスマン神父

一八九七〜一九六七年

祈りは、愛する人と愛される人との交わりのときです。愛の特徴は、秘密を打ち明けることです。そのとき神のみ心の秘密を打ち明けてくださいますし、私たちもその望みを打ち明けるのです。神はすでに私たちの心をご存じですが、私たちの声で聞きたいのです。

『火の祈り――現代の念祷』より

ここでは愛の交換の深い神秘が語られています。まるで互いに秘密を打ち明け合うかのような甘い恋人同士のような関係に見えます。それこそが神が私たちに望んでいることだというのです。ただ神と私たちの関係が恋人同士の関係と異なっているのは、神は私の心の奥底まで見通されていて、あえて望むもの、願うものを祈りという形で言い表すようにということなのです。グスマン神父は、その点をさらに補足して「イエスのお望みは、私たちが子どものように単純に心を開いて、私たちと私たちの愛する人びとの喜びと苦しみとを単純に語るのをお望みになっています」と述べています。グスマン神父はメキシコ人。

44 ヘンリー・ブレンナー

出生年など不詳

忍従は、まことの祈りと神への信頼の条件の一つであることを悟らなければならない。なぜなら神は、私たちの祈りを聞き入れられるとお約束になったが、私たちの望むままに聞き入れられるとは約束なさらなかった。

『日々を楽しく』より

確かにブレンナーの言われるとおり、神は私たちの祈りをお聞きくださると約束してくださいましたが、私たちの望みどおりにお聞きくださるとは約束されませんでした。私たちの祈りが実を結ぶかどうかは、あくまでも神ご自身の判断に委ねられているのです。おそらく神はご自分の意思で、私たちのためにちょうど良い時期と思われるとき、しかも最良と思われる方法で、私たちの祈りに応えてくださるのでしょう。ただし、その時期や方法は、しばしば私たちの理解をはるかに越えています。それにしても私たちの祈りの多くは、神の目からみると、どれほど身勝手なものとして映っていることでしょうか。

45 土屋　茂明神父

一九三四年〜

聖堂は祈りの家、心をこめて神に祈る場所です。みなりをととのえ、うやうやしく聖堂に入りましょう。そして、神とお話しする静かなひとときを、おすごしください。

『よろこびの人』より

これは、土屋神父が東京の郊外の、とある教会に赴任した際、主任神父から頼まれてこの文言を考え、信徒に協力を求めて聖堂に掲示したものだそうです。あれこれ考えた末にこのような文章に落ち着いたとのことですが、とても清々しい印象を受けます。実際には読みやすいように行変えして箇条書きに書いてありますから、人目を引くのではないでしょうか。聖堂は祈りの家でなければなりません。しかし教会によるのでしょうが、昨今、いつの間にか、そのような雰囲気が薄れつつあるようです。というのは、ミサ開始前から舞台の緞帳《どんちょう》が上がるのを待ちわびるかのように、ざわついた話し声が聞こえてくることが少なくないからです。心を落ち着けて静かにミサに臨む。それを互いに心がけたいものです。

46 石村　武治《たけじ》牧師

一九〇六～一九八一年

とりなしという土作りなくして霊の一切の仕事は、一歩も半歩も前進するものではないのです。私たちがこのみ救いを蒙《こうむ》ったのも、どこかで、誰かが祈っていて下さったからです。

『第三の天』より

私自身、キリスト教とは縁もゆかりもない家庭に生まれながら、どうしてキリストの教えに近づくことができたのか、不思議でなりません。主イエスが導いてくださったからと言えば、そうに違いないのですが、それ以上にどなたかが、私のために祈っていてくれたからではないかと、ふと思ったりします。とりなしの祈りがどれほどの威力をもつものであるかは、私はまだ十分に経験していませんが、私たちが自分を犠牲にして自分のこと以上に他の人たちのために祈ること、それ以上に神に喜ばれる祈りはないのではないでしょうか。しかも、その人のために祈っているということを当人には伝えずに黙々と祈り続けるならば、祈りはまことの天への祈りとして昇華していくのでしょう。

47 教皇ベネディクト十六世

一九二七年〜

祈りの正しい方法は、内的な清めを行うことです。内的な清めを行うことによって、わたしたちは神を受け入れることができ、そこから、人々をも受け入れることができるようになります。

『回勅　希望による救い』より

清めということばを耳にすると、私は即座にイエスが山上で語られた「心の清い人々は、幸いである、その人たちは神を見る」（マタイ5・8）というみことばを思い起こします。私たちは罪や汚れにまみれているかぎり聖なる神のみ前に立つことはできませんし、神を受け入れるための心の準備もできていないことは明らかです。神との出会い（神を見る）を経験するためには、「詩編」五十一章四節が語っているように、「わたしの咎《とが》をことごとく洗い、罪から清めてください」と嘆願することから始める必要があるように思います。罪咎から解放されたあかつきに、はじめて私たちは素直に隣人を受け入れ、人々に対する情けや愛の感情が芽生えはじめるのでしょう。教皇はドイツ人。

48 ジム・シンバラ牧師

――一九四九年～

神は私たちが本当に必要なものをご存じで、食卓を広げ、そこにあらゆる知恵、恵み、力を用意しておられます。私たちがその祝福をいただくには、ただ、その食卓に近づいて主のすばらしさを味わい、見つめさえすればよいのです。

『神よ。私の心に聖霊の火をともしてください』より

シンバラ牧師によると「主の食卓に近づく」ことは、それこそ信仰の祈りだと言います。つまり私たちの必要とするものはすべては神のもとにあるから、祈りつつ神に近づきさえすれば、それは与えられるというのです。その例としてシンバラ牧師は、わが娘のことを引き合いに出しています。それは模範的な子どもとして育った長女でした。その娘が十六歳の頃、突如、道をそれて家出してしまったというのです。そのことが教会の信者に知れわたり、多くの人たちと共に涙の祈りをささげました。その結果、娘は三十数時間後に無事に帰宅。あの放蕩《ほうとう》息子のように奈落からの生還を遂げたのでした。シンバラ牧師はアメリカ人。

罪　1

――罪は人を神から引き離す力

たとえ灰汁《あく》で体を洗い
多くの石灰を使っても
わたしの目には
罪があなたに染みついていると
主なる神は言われる。（エレミヤ2・22）

49 ボイラン神父

一九〇四年生まれ。帰天年は不詳。

神が、われわれの罪に対して一見〝罰〟と考えられるような試練を与えたもうことがあっても、それは罰というよりは、むしろ警告として、また熱烈な痛悔をうながし、罪で失ったものを回復させるために、神が与えたもう機会と考えるほうが、正しいのです。

『すさまじき愛』より

私たちは長い人生を送れば送るほど、さまざまな試練に遭遇し、辛酸をなめることが少なくないと言えましょう。そんなとき私たちは、「なぜ神さまは私をこんな目に合わせるのだろう」とついつい愚痴って、ときには神を呪ってしまうことがあるかもしれません。しかし、ボイラン神父は、そのような試練は、実は私たちを真の悔い改めに導いて神に立ち戻らせるための機会を提供してくださっているのだと説きます。聖パウロも、試練に遭ったとしても、神は必ず「試練と共に、それに耐えられるよう、逃れる道をも備えていてくださいます」（一コリント10・13）と述べています。ボイラン神父はイギリス人。

50 オリゲネス教父

一八四年頃～二五三年頃

（罪人が情欲を抱いて女性を見る時……）目という窓を通して死が魂に入りこんで来ました。また、むなしいことに耳を傾け、特に誤った教えの偽りの知識に耳を傾けるなら、その時、耳という窓を通して死が魂に入りこんで来ます。

『雅歌注解・講話』より

目にしろ耳にしろ、どちらも人間が最もよく使用している感覚器官です。それらを通して私たちは、さまざまな情報も取り入れています。ここでの目と耳は霊的な意味も含めていますが、オリゲネスは目も耳もひとつ使い方を誤れば、それらの窓を通して、いとも簡単に死が入り込んでしまうと警告しています。その場合の死とは魂の死を意味していることは言うまでもありません。イエスが「体のともし火は目である。目が澄んでいれば、あなたの全身が明るいが、濁っていれば、全身が暗い」（マタイ6・22～23）と言われたように、私たちもいつも澄んだ清い目を持っていたいものです。

オリゲネスは古代の著名な神学者。

51 ガブリエル神父

一八九三～一九五三年

愛は人を神に結ぶ力であり、罪は人を神から引き離す力である。

『神との親しさ（3）心の浄化』より

一見、何でもないようなことばですが、じっくり思いめぐらしていますと、真理の淵から愛のパワーがジワーッとにじみ出してくるような、そんな感覚に襲われます。一般的には愛の反対は憎しみと言われますが、ここでは罪となっています。信仰の世界では、愛に敵対するのは憎しみだけではなく、恨み、敵意、妬み、背き、肉欲、物欲、傲慢など、さまざまな悪の姿が見られますから、やはり愛の反対語は罪なのでしょう。ガブリエル神父は、それも大罪のみならず小罪であっても、霊的生活の敵であるから避けなければならない、としきりに説いています。それ以上に彼は、「イエスは罪を破壊するみ業に協力するように、私たちを招いておられる」と勧めています。私たちもそれに応えてイエスの望まれる業に積極的に参加する勇気をもちたいと思います。ガブリエル神父はベルギー人。

52　ダグ・ハマーショルド

一九〇九〜一九六一年

純白の布地にあっては、ごく小さな染みでも見苦しいものである。高峰に立つ者にとっては、束の間ほど我欲に溺れてさえも死を意味することがある。

『道しるべ』より

ハマーショルドは一九五三年から一九六一年まで国連事務総長を務めた人です。右のことばは二十歳の頃から書きとめていた日記の一節で、死後、刊行されました。まさしく自分との、また神との対話の記録で、謙虚な文章に満ちています。こんな文章も見られます。「御身の前では謙虚に、御身とともにあっては信篤く。御身のうちにあっては安らけく」「理解する——心の静けさを通じて。行動する——心の静けさから出発して。かちとる——心の静けさのうちに」。なお、彼はコンゴへ向かう途中、搭乗機が墜落して乗員全員と共に不慮の死を遂げました。そのときハマーショルドが携行していたのは、『キリストに倣いて』だったと言われます。ハマーショルドはスウェーデン人。

53 トッ・ティハメル司教

一八八九～一九三九年

罪は、ひさしを借りて母屋をのっとる盗人のようなもので、はじめは、「ひと晩だけたのむ」といんぎんに頭をさげて泊まり、そのひと晩を過ぎても家に帰らず、自分の家のようにいつまでも平然と泊まりこみ、いつか主人の座にいなおって横暴なふるまいをし、しまいにはその家の主人を追いだしてしまうのに似ています。

『純潔』より

一つの比喩を使って描き出していますが、ここでティハメル司教が言いたかったのは、ちょっとした誘いにも気をゆるしたら危険だよ、ということなのでしょう。別の箇所では重力の法則の例えを用いて、「高い所から落下する物体は、いつも同じ速度で落下するのではなく、地球の中心に向かう目に見えない糸にひかれて、一秒毎に速度を増しながら落ちてきます」と述べています。罪にむしばまれた人間も同様、いったん加速度がついたら、それはもう止めようがなくなってしまうのでしょう。ティハメル司教はハンガリー人。

54 フルトン・シーン大司教

一八九五〜一九七九年

私たちが、罪は世界における最大の悪であり、戦争や、革命や、苦悩などは罪の結果であるということを悟るようになるまでは、私たちは平和へ導く道を歩み始めたとは言えないのである。

『神の審判』より

シーン大司教は「罪は世界最大の悪である」という前提のもと大胆に罪の問題に取り組みました。彼ほど恐れることなく罪に立ち向かった人を私は知りません。それも当時の時代状況を抜きにしては考えられません。と言いますのは、その頃、自由主義的なキリスト教などの影響により、神を単なるエモーショナルな愛の神と考える傾向が強かった時代だったからです。シーン大司教は、「罪人を赦したもうキリストは、また、その業によってすべての人を審《さば》きたもうキリストであることを忘れている」と警告し、「愛の神」はまた、「正義の神」でもあると訴えました。もちろん、「神がより大きな善のためには、時として悪をも許される」としています。シーン大司教はアメリカ人で、尊者となっています。

55 エミリアン・ミルサン神父

出生年は不詳。二〇〇二年帰天

掘り出されたばかりの黄金というのは純粋ではなく、いろいろな不純物が混じっています。それを炉に入れて溶かすと、はじめて純粋な黄金になるのです。

『改訂版　霊的生活入門（4）一致の道』より

霊的生活の最後のステージで神と一致するということは、おそらく右のような状態をさしているのでしょう。主のみ心という炉に投げ込まれて、はじめて私たちの霊魂は罪咎《つみとが》の一切が焼き尽くされ、黄金の光を放つという神秘の世界を、ミルサン神父は詳細に解き明かしてくれました。一方、こんな文章も見られます。「神さまの深い奥義は、私たちの弱い知恵にとっては強すぎる光なのです。別のたとえでいえば、病人の目に太陽の光は強すぎる、ともいえましょう」と。太陽としての輝きに満ちた主のほんとうのお姿をかいま見るには、なんと私たちの眼は罪で覆われていることでしょう。そのため、みずから眩しいと感じて目を閉じてしまうのです。

56 マイスター・エックハルト

一二六〇年頃～一三二八年頃

もし私が徹底的に悪しき意志をもつとすれば、すでにそれだけで私は全世界の人を皆殺しにしたと同じ程度の大罪を犯すことができる――たとえ実際において一指を触れないとしても――。

『神の慰めの書』より

人間はある意味で怖い存在です。日頃は人から好かれていた善意の人が、ひとたび邪悪な妄念に取りつかれてしまったら、実際に犯罪行為に走ったと同然の人間に成り下がったり、実際に犯罪行為に手を染めてしまったりといったことがしばしば起こりうるからです。右のことばは、逆に言えば「もし私が徹底的に善き意志をもつとすれば、すでにそれだけで私は全世界の人を救うのと同じ程度の善良さを発揮することができる」ということになるでしょう。「善き意志」をもつことの大切さを説いてやまないエックハルトは、本当はそのことを言いたかったのです。なぜなら「まことに、意志さえあれば私はあらゆる事をなし得る」と断言しているからです。エックハルトはドイツの神秘主義神学者。

57 加賀　乙彦

一九二九年〜

人間は誰もが弱く、罪深く、心の奥底に悪しきものを棲《す》まわせている。今のような混沌とした時代においてはなおさら、そのことに無自覚に暮らしていると、内なる悪魔に突き動かされ悪をなしてしまう危険性が高くなる。

『悪魔のささやき』より

二〇一七年十一月、相模原市で障がい者大量殺傷事件が起きたかと思ったら、翌年の十一月、座間市でも九人にのぼる殺害事件が発覚しました。長年、犯罪臨床に携わってきた私から見ると、いずれも動機不明の不可解な事件だったと言わなければなりません。カトリック作家で精神科医の加賀乙彦は「悪魔が哄笑《こうしょう》するような奇妙な事件が次々に起こってきた事態を見ていると、従来の犯罪心理学理論はもはや通用せず、『人を破滅に追いやる力』つまり『悪魔のささやき』が影響しているのではないか」というようなことを述べていますが、同感です。だからこそ私たちは、神により頼む自覚した信仰が求められているのです。

罪　2

——闇を追い払う光

主よ、あなたはわたしのともし火
主はわたしの闇を照らしてくださる。（サムエル下22・29）

58 グラント枢機卿

一八七二〜一九五九年

不思議なもので、世の中には、不正義だとか、名誉毀損だとか、暴力行為などにたいしては、きわめて警戒を厳にしている者が、官能の誘惑にたいしてだけは、非常に油断をしている、ということです。……こういう人たちが、どれほど多いことでしょう。

『主の祈り』より

グラント枢機卿は前時代に活躍された人で、数々の名著を世に送り届けました。しかし、これらのことばは、まさに今の時代に投げかけているのではないかと錯覚してしまうほど厳しい語調が感じられます。新聞などの報道に接していれば分かりますように、今や世の人々をリードすべき権威ある為政者や知者、賢者たち（ごくごく一部ですが）が、まさかと思わせるような言動を引き起こしています。神不在のこの時代には闇の勢力が跳梁跋扈《ちょうりょうばっこ》し、とりわけ十戒のうちの第六戒の「姦淫の罪」に背くよう、ひそかに有識者に近づいて誘惑の手を差し伸べ、その精神を陥落させようとしているのかもしれません。グラント枢機卿はフランス人。

59 山形　謙二

一九四六年〜

なぜこの世に苦難や不幸や災いが存在するのか、との問いに対する聖書の基本的解答は、罪の結果であるということである。

『隠されたる神――苦難の意味』より

「罪の結果」だと結論づけられても、素直にそれを承諾する人は少ないでしょう。「ヨブ記」に描かれたヨブの生涯を読めば分かりますように、ヨブはむしろ義人でした。義人であったヨブがなぜ、あれほどまでに立て続けに苦しみの杯を飲まねばならなかったのでしょうか。この世は、むしろ神に忠実であろうと努めている人々がときどき苦難に遭っていて、逆に邪《よこしま》な人々が栄えているという現実があります。これは不条理です。しかし、キリストは、そのことをちゃんと胸に納めていて、「そのガリラヤ人たちがそのような災難に遭ったのは、ほかのどのガリラヤ人よりも罪深い者だったからだと思うのか。決してそうではない」（ルカ13・2〜3）と語って私たちを慰めてくださいます。山形謙二は医師。

60 マリア・ワルトルタ

一八九七〜一九六一年

亡きがらを前にして、人はしばしば涙をこぼします。……むしろ、生ける屍《しかばね》のために泣くべきです。この人たちこそ真の屍であり、墓と化した体に息絶えた霊魂を住まわせているのです。いつか訪れる肉体の死を思って悲しむよりも、己の中《うち》にある屍のために泣くべきです。

『イエズスに出会った人々（三）』より

マリア・ワルトルタはイタリア人。彼女は『神と人なるキリストの詩』（イタリア語の原文タイトル）という膨大な著作を残しました。わが国では、今は亡きバルバロ神父（前掲36項を参照）が十巻に抜粋・要約した邦訳を世に問いました。ワルトルタによれば、それらの著作は天から与えられた口述ないしはビジョンによるものだと述べています。右のことばは、イエスが、つめかけた大勢の民衆を前にして語りかけた中の一節で、「生ける屍」とは肉体をもって生きていても、罪に汚れて事実上、霊魂が死んだも同然の霊魂のことを指しています。イエスは、「臨終の死を悲しむよりも、そのような憐れな『生ける屍』のために泣きなさい」と戒めています。

61 堀 肇牧師

一九四四年〜

確かに「闇や破れを認める」なら光が差し込んで来る。傷つき苦しんでいる自分から逃げ出さなければやがて、光を見いだすということなのだ。しかし「自分の中に闇を認めようとしない」なら光は入って来ない。

『聖書のにんげん模様』より

右のことばは、イエスを三度も否んだペトロについて語られた章の一節です。ペトロはここで大きな失敗をして、一時自分に絶望し「激しく泣いた」が、みずからの「闇や破れ」(それらを総称して罪と言ってよい)を認め、イエスの赦しのまなざしを素直に受け止めることによって立ち上がることができたのでした。したがって、「闇や破れを認める」ことが光を受け入れる第一歩だと言えましょう。私たちも少なからず失敗や過ちに陥ることがありますが、そのようなとき、決して失望、落胆せず、勇気を振るってイエスの方向に顔を向けたいものだと思います。そうすれば、イエスのまなざしからの光が差し込んでくるはずです。

62 アレキサンドリーナ・マリア・ダ・コスタ

一九〇四〜一九五五年

もしイエスがどれほど愛してくださっているかを知ったならば、あなたたちは、かれに加えた侮辱を考えて、悲しみのあまりに死ぬでしょう。もう罪を犯さないでください、神は私たちを創ってくださった、私たちの父ではありませんか！

『イエズスのご受難』より

本書を編纂したパスクワレ神父によれば、彼女はまさに、「キリストのご受難を再現しようとして、文字どおりキリストを自分のうちに受け入れた人」だと言います。事の起こりは二十七歳のとき。突然、心が燃え上がるような体験をして、その瞬間、彼女は「苦しむ、愛する、償う」のインスピレーションを得たのでした。その後のご受難の神秘的な体験の数々は、まことに愛と苦しみに満ちた茨の道でした。右のことばは衰弱したベッドでしたためた遺言です。彼女の書き残した自叙伝、日記、手紙の中のことばの一つ一つには計り知れない重さがあります。彼女はポルトガル人で、後に「神の婢《はしため》」となりました。

63 ダニエル・コンシダイン神父

出生年など不詳

罪によって起こる失望は、しばしば罪よりももっと悪いものであり、罪そのものよりもさらに遠く人を神から遠ざけてしまうのです。

『はげましのことば』より

ことわざに、「覆水盆《ふくすいぼん》に返らず」ということばがあります。周知のように、これは一度してしまったことは取り返しがつかないということを意味しています。しかし、一度犯した過ちや失敗などを告解して神に赦していただきながら、その後もこだわっていつまでもくよくよしていたら、それは時間の浪費だとコンシダイン神父は言います。なぜなら神ご自身が、そのようなこだわりをお望みにはならないし、落胆や失望や絶望に陥った暗い気持ちを抱いていると、悪霊のつけいる隙を与えてしまうからです。ですから、私たちは、いつも闇の方向に心を向けることなく、光の方向に心を向けていましょう。コンシダイン神父はイギリス人。

64 修道者シルワン

一八六六〜一九三八年

ある日、私は必要もないのに、一匹のハエを殺してしまったことがある。瀕死《ひんし》の状態のハエは悶えていた。私はその後、この被造物に対する自分の残酷さに三日間も嘆き、未《いま》だにそのことを思い出している。

『シルワンの手記』より

たかが一匹のハエを殺したことを悔やんで三日間も嘆き悲しんだというシルワンは、こうも書いています。「多くの人は神の慈しみの偉大さを知らず、罪を後悔しないで、回心することを望まない。彼らの滅亡を見ていると、私は悲しみ、彼らのために泣く」と。私事ですが、前任の大学から東京の大学に移って来る際、餞別《せんべつ》にと一枚の色紙を手渡してくれた教え子がいました。その色紙には毛筆のきれいな字で、「一寸の虫にも五分の魂」と書いてあったのです。今どきの女子大生が私にあえて、このことわざを進呈してくれたことに感激し、今も書斎の壁に飾ってあります。以降、私も虫の類《たぐ》いを殺《あや》めることは一切やめることにしました。シルワンはロシア正教の修道者。

65 ステファノ・デランジェラ神父

一九二〇〜一九九九年

自己愛は、人祖のみなもとの罪に傷つけられた自分に対する愛である。自分に対する愛は人間の本性であって、根絶することのできる性質のものではない。ただ、きよめ、高尚なものとすることができるだけである。

『修徳生活入門』より

心理学の世界では過剰な自己愛をナルシシズムと呼びますが、必ずしも自己愛を否定的に捉えてはいません。自我《エゴ》ということばも同様です。宗教上は、「我《が》」は極力控える必要があることが説かれますが、心理学では自我はときには強化する必要があると言います。それに対してデランジェラ神父は、「自己愛は原罪からきているのだから根絶することはできない」と述べて、否定的に見ています。なぜなら自己愛が一人歩きしてしまうと、私たちの生活に大きな影響を与えて、ときには傲慢心、頑固、情欲などの感情に支配されやすいからだと言います。ただし自分を大切にする気持ちまでも自己愛と受け止めて退けてしまうことは行き過ぎでしょう。デランジェラ神父はイタリア人で来日宣教師。

66　W・モースト神父

一九一四〜一九九九年

個人のとるに足らないつぐのいは、カルワリオにおけるイエスの無限のつぐのいとミサ聖祭において、再現される無限のつぐのいに合わせられるのであり、そしてまた、マリアが主とともにかち得たつぐのいにも合わせられるのである。

『神の母』より

第二バチカン公会議以後、この「償い」ということばは、あまり使われなくなりました。でも現実には、私たちはゆるしの秘跡を受けるたびに、この「償い」ということばに直面しています。つまり司祭によって罪を赦されたときに命ぜられる償い。それも私たちの果たすべき償いなのでしょう。一方、モースト神父は、ここで個人の罪の償いを超えた「償い」について述べています。ミサ聖祭で、キリストとともにささげる聖体祭儀において、その「無限の償い」に私たちも心を合わせてささげることができるというのです。特に神から遠ざかって、忘恩、冒瀆《ぼうとく》の罪を犯している多くの人々のために。モースト神父はアメリカ人。

悔い改めと救い

——悔い改めによって闇から光へ

悔い改めて、お前たちのすべての背きから立ち帰れ。罪がお前たちをつまずかせないようにせよ。（エゼキエル18・30）

今日、救いがこの家を訪れた。（ルカ19・9）

67 教皇パウロ六世

一八九七〜一九七八年

「主よ、あなたは私たちをあなたのためにお造りになりました。私たちの心は、あなたの中に休むまで落ちつくことができません」。罪を悔い改めて神に近づけば近づくほど、人は真に霊的喜びに入ることができるのです。

使徒的勧告『ガウデーテ・イン・ドミノ――喜びの源に立ち返れ――』より

冒頭のかぎかっこ付きのことばは、聖アウグスティヌスの『告白』から引用したことばです。パウロ六世は、本当の信仰の喜びに達するためには、罪を悔い改めてから神に近づくという行為が何よりも必要だと説いています。神は聖なるお方です。ですから私たちは悔い改めなければ本来、神に近づくことができないのかもしれません。しかし、神は「聖化されてから近づいてきなさい」とはおっしゃってはいないでしょう。たとえ汚れや染みがあったとしても、私たち信者は悔い改めさえすれば、その拙い状態のままで神に近づくことが許されるという特権が与えられているのです。

68 G・トマゼッリ神父

一九〇二〜一九八九年

イエスは全能で、しかも回心を望んでいられるなら、どうして直接に罪人の回心をなさらないのですか？　おそらく、これは神の摂理の神秘の一つではないでしょうか。

『まことの愛』より

神は常に私たちに悔い改めを求め、回心を望んでおられることは明らかです。とりわけ大罪に陥っている場合には、一刻も罪の状態から解放されなければなりません。けれども人間は、みずからの罪に気づいていながら思い切った回心ができないまま、ずるずると日延べをしてしまうことがよくあります。そんなとき私たちは虫のいいことですが、神が直接介入して回心に導いてくれたならばと、心ひそかに願います。右のことばはそのように考える人の思いを代弁しているのですが、そのとき私たちは与えられている〝自由意志〟という恵みをすっかり忘れています。神は、どんなささいなことでも決して強制することはなさらない方であるということを、私たちは肝に命じておきたいものです。トマゼッリ神父はイタリア人。

69 エドゥアルド・ライヒガウエル神父

出生年など不詳

救いとは、私たちが闇から光に移されるという意味である。救いとは、私たちが悪魔の権力から解放されて、神と和解するという意味である。救いとは、私たちを神から隔てている障害物を取り除くという意味で、それは神と新たに一致するということも含んでいる。

『キリストの神秘体』より

主イエス・キリストは救い主であり、贖い主でもあります。主は私たちの救いのために、みずからの身体を敵に与えて十字架に磔《はりつけ》にされました。このように救いと贖いはキリスト教の主題でありながら、私たちはまだその意味を十分に理解していないような気がします。ライヒガウエル神父は、その救いの意味を、短いことばでありながら単純明快に解き明かしてくれました。救いは「闇から光の移行であること」、「悪魔（悪）の権力からの解放であること」、「神と和解すること」、および「神から隔てている障害物を取り除くこと」の四点だというのです。その果てに神との新たな一致が築かれると言います。

70 新井　延和神父

一九五二～二〇一七年

涙だけが人の目を洗うことができます。生理学的にも霊的にもそうです。人は安楽、平坦な道でなく、風・雷・雨・嵐・雪などを経ることによって深い人となります。その過程で涙が心を清めるのです。『カルメル会　二〇一二年六月特別号、四旬節講話』より

涙を流すことを、私たちはともすれば感傷的な事柄として受け止め、信仰とは無縁のように理解しがちです。ここでは涙の意味がポジティブに捉えられ、新井神父は、悲しみの体験から流す涙の滴《しずく》が、神のみ前にあってどれほどその人の心を清めるかを聖書的な視点から解き明かしています。確かに旧約聖書のヨブ記、詩編、コヘレトの言葉、哀歌などでは涙ということばはよく使われていますし、新約聖書においても悔い改めの中の涙が鮮明に描き出されています。人前での涙は一見弱さの現れに見えるかもしれません。しかし新井神父は神のみ前での涙は祈りであり、信仰の発露だと言います。「涙と共に種を蒔《ま》く人は、喜びの歌と共に刈り入れる」（詩編126・5）といった聖句はなんと美しい表現なのでしょう。

71 溝部　脩《おさむ》司教

一九三五～二〇一六年

主にすがって、わたしのこの心の傷を癒やしてくださいと信じて自分を明け渡すこと、これが「救い」です。

『朝の光の中に――溝部司教の説教』より

「救い」について、これほど直截な表現をされた方を私は知りません。溝部司教は別の箇所で「マグダラのマリアは墓に行った。そして、墓から石が取りのけてあるのを見た」（ヨハネ20・1）という聖句を引き合いに出して、そこでの「石」とは、私たち自身の心にしこりとして残っている罪だと説明しています。それこそが「心の傷」なのでしょう。石でふさがれているのは、この世の思惑でいっぱいになっている自己中心的な心の状態なので、そうした頑《かたく》なな自分の石を、まずは復活の主に信頼をおくことによって取り除いていただこうと提案しています。それも根気よく、しつこく主にすがることによって。そのためには、自分を完全に主に委ねて「明け渡すこと」が肝心要《かなめ》なのでしょう。

72 オリビエ・ド・ロ神父

一八四〇〜一九一四年

神が私の無価値をよくご承知で、しかも私を選み給うのは、私を永遠の滅亡から救いたいと思し召されたからだと思います。

『ある明治の福祉像――ド・ロ神父の生涯』より

これはド・ロ神父が実妹マドレーヌを亡くした直後、妹の夫ポール宛てにしたためた悔やみ状の一節です。妻を失った彼の悲しみへの同情と亡き妹へ寄せるド・ロ神父の愛情を切々とつづりながら、右のことばをもって自分の人生における信仰をしみじみと回顧したのでした。「無価値」な自分でありながらも、神はそのような自分に目をとめてくれて「永遠の滅亡」から救ってくれたと語るド・ロ神父は、長崎県外海《そとめ》地方において、出版、教育、社会福祉、医療救護、建築、土木、授産事業等々、広範囲にわたる領域で偉大な業績を残した人でもあったのです。「霊的ノート」には、このように書かれたメモも見つかっています。「主よ、私の生命、健康、名誉を委ねます。わがすべてが思し召しのままになりますように」。

73 アルベルト・シュヴァイツァー
一八七五〜一九六五年

キリスト教は単一的ではない。悲観主義の岩石の中に楽観主義の鉱脈が走っている。キリスト教は実に救済の宗教であるばかりでなく神の国の宗教でもある。

『キリスト教と世界宗教』より

キリスト教の本質をシンプルに言い当てています。「単一的ではない」とは、キリスト教の宗教性はひと言で言い表せるような単純なものではないという意味です。したがってキリスト教は、一見、悲観主義のようですけれども、実は楽観主義という固い岩盤に立脚しているのです。そのことは、ちょうどイエスご自身が十字架に釘づけにされて、ひとたび弟子たちは窮地に追いやられながら、その後、キリストの復活という大勝利によって、どんでん返しの幕が用意されていたという歴史的事実を見れば分かります。またキリスト教は、信じる者にとって、神の国の到来とその救いを確実に約束してくれるという、信者ではない人から見ると、何とも理解しがたいおめでたい宗教でもあるのです。シュヴァイツァーはドイツ人。

74 平山　正実

一九三八〜二〇一三年

精神障害者や身体障害者に対して、キリスト教信仰を与えられた者が、カウンセリングを行うときにおさえておかなければならない大切なポイントがある。それは、からだや心が癒やされることは、かならずしもその人の霊が救われたことに結びつかないということだ。

『心悩む者に神宿る』より

平山医師は、カウンセラーや精神科医などによってクライアントの病気が癒やされたとしても、必ずしも魂や霊まで救えたことにはならないと言います。イエスも罪とのかかわりにおいて大勢の病人を癒やしましたが、癒やされた人々はすべて霊魂まで癒やされたわけではありませんでした。その証拠に、「ルカによる福音書」十七章十一〜十九節を読めば分かるように、イエスは重い皮膚病を患った十人を癒やしてあげたにもかかわらず、そのうちたった一人（サマリア人）しか神を賛美するために帰って来なかったからです。残りの九人のその後についての記述はありませんが、イエスとの関係をみずから断ち切った彼らの、その後の人生はどうなったのでしょうか。

赦しと癒やし

――罪からの解放を求めて

憐れみと赦しは主である神のもの。（ダニエル9・9）

イエスは……民衆のありとあらゆる病気や患いをいやされた。（マタイ4・23）

75 ソン・ボンモ神父

出生年など不詳

この世の中で最も難しいことを二つ挙げるとすれば、それは罪を犯さないことと、自分を傷つけた相手を赦すことだろう。

『心の傷と癒し』より

なるほどと、思わずうなずいてしまうことばです。使徒ヨハネは、「自分に罪がないと言うなら、自らを欺いており……罪を犯したことがないと言うなら、それは神を偽り者とすること」（一ヨハネ1・8、10）と断言しています。したがって大小含めて私たちは罪を犯さないで生涯を終えることは不可能だと言えましょう。また「自分を傷つけた相手を赦すこと」もそうそう簡単にできることではないでしょう。多くの人が心を病むのは、人間関係に根ざすトラブルが原因であり、しかもその病が長引いてしまうのは、相手を赦そうとしないためなのです。傷つけられた心の痛みが「恨み」や「憎しみ」に変わってしまうと事態はもっと厄介です。そのとき、すでに悪魔の忍び込む足がかりを与えてしまったからです。ソン・ボンモ神父は韓国人。

76 ジェラルド・ジャンポルスキー
一九二五年〜

ゆるしは、暗闇を抜けて光にいたる道です。私たちはゆるすためにこの地上に生まれたのであり、ゆるすことによって自分が世界を照らす光なのだとわかります。ゆるせば、過去の影から自由になれます。

『ゆるすということ』より

許す（赦す）ことの大切さは耳にタコができるほど何度も聞かされていながら、私たちはなんと、それを実行することに臆してしまうことでしょうか。それは私たちのプライドや自尊心が許さないからです。許しを与えなければ、私たちは過去の幻影につきまとわれ、いつになっても心は晴れません。しかし、仮に許しを与えたとしても、私たちは相手からの謝罪や詫びを心ひそかに願っているのです。けれども、主イエスのお望みは、その程度の許しを求めているわけではないでしょう。ジャンポルスキーは、「ゆるしという橋を渡れば、罪悪感、責める気持ち、恥じる気持ちに、別れを告げることができ……本当の心の自由、解放感を味わうことができます」と述べています。彼はアメリカ人で精神医学者。

77 デレック・プリンス牧師

一九一五〜二〇〇三年

私たちが神から受ける赦しは私たちが他人を赦す程度に比例するのです。

『悪霊からの解放』より

家庭裁判所で非行少年の調査処遇の仕事を担当していたときのことでした。少年鑑別所に一時入所中の少年と面接したところ、その反省悔悟の念が著しかったので、私は家庭に復帰させてしばらく様子を見ようと考えたのです。ところが、少年の父親は頑として聞き入れず、少年院に入れて性根をたたき直してほしいと訴えるばかりでした。その理由は、「親の顔にひとたび泥を塗ったのだから、許せない」の一点張りでした。何度も説得してみたものの父親の考えは変わらず、裁判官の審判により、少年は少年院に送られることになってしまったのでした。この父親はわが子を最後まで許さなかったせいでしょうか。その後、心に「苦い根」（ヘブライ12・15）を抱えたまま、残念ながら病死されたということを伝え聞きました。プリンス牧師はイギリス人。

78 フランチェスコ・ベルシーニ神父

一九一五～二〇〇三年

神はしばしば、霊魂の病気を治すために、身体の病気はそのままにしておかれる。

『福音の知恵』より

ここでいう「霊魂の病気」とは、必ずしも精神障害を指しているわけではありません。だれもが陥りがちな心の病、魂の病のことであり、あえて言えば神から離反してしまった無自覚な「罪の病気」と言ってもよいでしょう。私は、長年、未成年者の非行の事件や家族の紛争（主に離婚問題）の解決のために大勢の人々と接してきた経験から、そのような背景に人間の心に潜む利己心があることに気づかされました。しかも、そうした互いのエゴのぶつかりあいが人間同士の対立・紛争を招き、さらに互いに傷口を広げてしまうことを知りました。ベルシーニ神父によれば、特に神が忌み嫌う傲慢心という霊魂の病は、それを癒やす方法として、人間の心をへりくだらせるために身体の病気を与え、神のみ旨にかなうときまでそのままにしておかれるというのです。ベルシーニ神父はイタリア人。

79 マドレ・マルガリタ修道女

一八八四〜一九三四年

健康だけを熱心に望まないように。病気が神のご計画によるもので、私たちの成聖を助け、過去のすべてから私たちを清めるためのものでもあり得るのですから。

『マドレ・マルガリタのことば』より

マルガリタは若い頃から絶えず微熱に悩まされ、生涯を通して病気の苦痛を耐えながら十字架の道を生きてきた人でした。しかし、彼女は「肉体的苦痛を決して人に気づかれないように」して周囲に不平をもらさず、朗らかな表情で沈黙をもって自分の身を主にささげました。晩年には癌腫瘍に悩まされながらも、雄々しく耐えたと言います。冒頭に掲げたのは、そのようなマルガリタの過酷な試練の中にあって、ほとばしり出たことばです。私たちはなんと身体的な患いにばかりに注意を払ってそこからの回復を願い、病気それ自体が私たちの心と魂を癒やし清めてくれることの意味を見失っていることでしょう。マルガリタ修道女はスペイン人。二〇〇六年に列福。

80 松田　央《ひろし》

一九五四年〜

イエスの癒やしというものは、単に病気が治るということだけではなく、病人の心の在り方が変わっていくということを伴っている。このようにイエスの癒やしは心の深い層において起こるものである。それは、生きる力を与えて、自分で歩き出すということを可能にする。

『世の光キリスト』より

イエスのことばを疑うことなく信頼をもって受け止め、癒やされた人は、なんと幸いな人でしょう。けれども、イエスの癒やしの目的は単に身体の病気を癒やすことだけにあるわけではありません。なぜならば、イエスは病気の癒やしの後、大抵、その人に向かって「あなたの信仰があなたを救った」とか、「もう、罪を犯してはいけない」などと語りかけているからです。そこでは病気からの解放にとどまらず、将来に向かってその一歩を歩み出すための励ましといった意味合いも込められています。そのようにイエスの癒やしのことばは、例外なく私たちに〝起き上がる力〟を得させてくれるのです。松田はプロテスタント神学者。

81 ブラザー・アンドレ

一八四五〜一九三七年

すぐれた芸術家は、ごくつまらない筆を使って最も美しい絵を書きます。

『祈りこそ　わが力――ブラザー・アンドレの生涯――』より

ブラザー・アンドレは九十二歳の天寿を全うした人ですが、みずからの人生を右のような単純なことばで要約しています。「芸術家」はもちろん創造主なる神のことであり、「ごくつまらない筆」とはアンドレ自身のことです。彼は出生のときから重い胃病に冒され、恵まれない虚弱な身体でした。二十六歳のときに修道士を志願して修練を重ねましたが、健康上の理由から入会を二年間も延ばされ、入会後は、ひたすら修道院の玄関番兼雑用係を四十年間務めました。その間、彼に癒やしの賜物が与えられるようになって、それが町中の評判となり、つめかけて来た多くの人を癒やしました。亡くなられたときには、百万人以上の人たちが彼の通夜と埋葬式に参列したと言われています。カナダ人で、一九八二年に福者となりました。

82 有馬式夫《のりお》牧師

一九四一～二〇一六年

身体的に、あるいは心理的に弱さを負った人々は、「教会や牧会者に迷惑をかける」ことを恐れて、援助と配慮を切実に願いながら、要求をせず声をひそめているのである。

『牧会カウンセリング入門』より

教会はさまざまな苦しみ、悩みを抱えている大勢の人たちが集まってくる場であり、その意味では世の中の縮図の現れと言ってもよいのではないでしょうか。教会の頭であるイエスは、そのような多様な人々を積極的に招いておられるだけでなく、抱えている障害や病からの癒やしや救いを宣言します。しかし、現実問題として教会が多くの人々の痛みや苦しみに対して適切にかかわることができているかというと、残念ながら聖職者の司牧に頼るばかりで、事態は一向に改善されていません。援助を求めている人が多い割に、援助をする働き人が決定的に不足しているからです。相談や援助を求めながら「要求をせずに声をひそめている」キリスト者に対して、私たちはいったい何ができるでしょうか。

83 マーティン・パドヴァニ牧師

出生年など不詳

（結婚問題で悩んでいる夫婦とのカウンセリングで）どちらも自分が変えられるものを進んで変えようとしません。この不幸の関係様式は、普通はどちらかが自分を変えようとする勇気を持った時に変わり始めるのです。常に神秘的な、信じられないことですが、片方が自分を変える時に関係に変化が起こるのです。

『傷ついた感情へのいやし』より

私自身も経験してきたことですが、人にかかわる援助職は、とても骨の折れる仕事です。特に個人の内面にかかわる悩みの相談とは異なって、右のような夫婦間の調整を要する仕事となりますと、援助者側は莫大なエネルギーを費やさなければなりません。夫婦のどちらもが頑なに自分の考えや意向に固執しているかぎり打開の道は見つかりません。しかし、祈りつつ調整的な働きかけをしていくうちに、どちらかが〝自分を変えようとする勇気を持ってくれたとき〟、ようやく解決への道筋が見えてくるものです。パドヴァニ牧師はアメリカ人。

聖　書

——聖書に問うことは聖書に問われること

わたしたちは、聖書から忍耐と慰めを学んで希望を持ち続けることができるのです。

（ローマ15・4）

84 ブレーズ・パスカル

一六二三〜一六六二年

聖書の唯一の目的は愛である。

『世界の名著　パスカル』より

一般的にパスカルは思想家であり数学者というイメージが強いのですが、実はキリスト教神学者でもあったことはあまり知られていません。単刀直入に語られた右のことばは、実は長年、聖書への思索を深めながらたどりついた彼の極致であり、さらにそれが三十一歳のときの決定的回心として昇華されました。パスカルの死後、発見されたという胴衣に縫い込んだ「覚え書」がそれです。そこには神との感極まる神秘的な出会いの体験が祈りのような形で記されています。全文をここに披露する紙幅はありませんが、一部を抜粋すると「歓喜、歓喜、歓喜、歓喜の涙。（中略）イエス・キリストおよびわが指導者への全き服従。地上の試練の一日に対して歓喜は永久に。〈われは汝のみ言葉を忘れることなからん〉アーメン」と書かれてあります。パスカルはフランス人。

85 岩下　壮一神父

一八八九〜一九四〇年

もし私が島流しになるか、牢に入れられる際に、一冊の本を持参することが許されるならば、私はキリスト者として勿論聖書を選ぶ。二冊なら、何の躊躇《ちゆうちよ》もなく『キリストに倣いて』を加える。

『信仰の遺産』より

私も岩下神父と同様のことを考えたことがあります。これまで『キリストに倣いて』がいかに多く信仰者を引きつけてきたか、ここで、そのことを語ることはしません。ただ問題は、岩下神父が何ゆえに聖書に次いで『キリストに倣いて』を選ぶつもりになったのかという点です。「私はことしで最早三十五年反復熟読していますが、一度ももう飽きたと感じたことがない。また常に新しい感銘を受けています。……いきなり本の勝手な頁を開けて、章の中途からでも何でもかかわらず読み始めると、ちょうどそのときの事情とか心持ちなどにピッタリとくる教訓を与えられるようなことが、しばしばあります」と書いています。まだ『キリストに倣いて』を読んでおられない方は、ぜひ一読されることをお勧めします。

86 カール・バルト

一八八六〜一九六八年

聖書において神と呼ばれている方は、常に、世の前にあって愚かなもの、世の前にあって弱きもの、を選び給うたのです。それゆえに、キリストは、家畜小屋に生まれ、死刑執行台で死に給うたのです。それゆえに、あの富めるものが、ではなく、ラザロが神の友なのです。

『聖書と説教』より

ここでは選ばれた者としての「愚かなもの」「弱きもの」が取り上げられていますが、聖パウロの手紙では、「無学な者」「無に等しい者」「身分の卑しい者」「見下げられている者」となっています。ここでのラザロとは「金持ちとラザロ」のたとえ話（ルカ16・19〜31）の中の人物で、金持ちとの対比において貧しい者の救いが記述されています。イエスは、「知恵ある者」「能力のある者」「家柄のよい者」ではなく、むしろ「愚かな者」「弱き者」「貧しい者」の味方になってくださるのです。神の愛と憐れみの、なんと豊かなことでしょうか。カール・バルトはスイス人で、プロテスタントを代表する神学者。

87 I・トラヴァース＝ボール

出生年など不詳

キリストのたとえは、かれがのべ伝える新しい神の王国の幾多の面を見せている。かれの奇跡もまた同様である。それは、単なるトリックや魔術ではなく、キリストの王国の本質を示す信号標である。

『われをだれと思うか』より

「マタイによる福音書」十三章三節に「イエスはたとえを用いて彼らに多くのことを語られた」と書かれてありますように、イエスはたとえを用いることによって、天上の世界から地上のこまごまとした瑣末《さまつ》な問題に至るまで、その真理を説き明かし続けました。このようにしてイエスはたとえを使い、また奇跡という行為を通してみずからの存在の意味を示されました。その意味ではイエスのことばや奇跡は、まさにキリストの王国を指し示す信号標だった（いや、今もなお）と言わなければなりません。ところが、残念ながらイエスを取り巻く多くの民衆は、イエスの語ったことばやイエスのなさった奇跡に込められた意味を十分に理解できず、ついには十字架上のイエスを見捨てて離れてしまったのです。

88 浅野 順一牧師

一八九九～一九八一年

我々が聖書に問うということは聖書に問われることである。聖書という鏡の前に立つ時、自己の醜さ、空しさ、またみじめさが、そのままに映し出される。

『ヨブ記』より

聖書に向かい合うとき、私たちはときどき右のような経験をするのではないでしょうか。みことばの一つひとつが必ずしも慰めや励ましや平安を与えてくれるわけではなく、かえって自分に失望したり不安を感じてしまうということもよくあります。それも聖書の読み方の一つなのかもしれません。その場合、聖書は私たちにとっての鏡になっています。自分の罪や汚れや醜さがありのままに映し出されるからです。それも鏡の前に映し出されたその像は、すぐに消え去るようなことはありません。私たちはそのようなとき、まずは自己の像を嫌がらずに、そのまま受け入れなければなりません。そこから私たちの本当の信仰生活が開始されるのです。浅野牧師はプロテスタントの神学者。

89 上山　要牧師

―一九六五年～

聖書における「思い煩い」とは、もともと一つであった心が「分けられる」という意味があり、心の内に、さまざまな思いが点在している状態を示しています。

『心病む人々に教会ができること』より

聖　書

「ルカによる福音書」十章四十一節に記述されている「マルタ、マルタ、あなたは多くのことに思い悩み、心を乱している」というマルタに語りかけたイエスのことばがまさに、右のことばの「思い煩い」に当たるといってよいでしょう。「心を乱している」のですから、動揺している満たされない状態といってよいかもしれません。また、思い煩いは、筆者の言うように心が分けられ点在している状態ですから、ひとつ間違えば精神的な疾患を引き起こす要因ともなりうるのです。私たちは、あまりにも瑣末の事柄にとらわれて、「思い煩い」に振り回されてはいないでしょうか。聖パウロは、「どんなことでも、思い煩うのはやめなさい」（フィリピ４・６）と忠告しています。

90 八木　重吉

一八九八〜一九二七年

この聖書《よいほん》のことばを／うちがわからみいりたいものだ／ひとつひとつのことばを／わたしのからだの手や足や／鼻や耳やそして眼のようにかんじたいものだ／ことばのうちがわへはいりこみたい。

『定本　八木重吉詩集』より

八木重吉は十九歳のときに内村鑑三の著作に感化されてクリスチャンとなりましたが、右の詩を読むと、聖書を肌で感じとりたいという彼の熱い願望が伝わってきます。彼のどの詩も身近な対象を素材としていて、素朴さや優しさに満ちています。そこには哀切感も漂っています。それがかえって悩める人たちの心を打ち、慰めや励ましになっているのかもしれません。結核により二十九歳の若さで亡くなりましたが、こんな詩も書き残しています。「きれいな気持ちでいよう／花のような気持ちでいよう／報いをもとめまい／いちばんうつくしくなっていよう」（「ねがい」という題の詩）。

91 アンリ・ペレーヴ神父

一八六五〜一九〇〇年

神は、まれにしか、地上の強者を用いたまわない。なぜなら、かれらは、あまりに驕慢《きょうまん》な道具であって、まもなく、神のみにささげられるべき誉れを、おのれに帰するからである。

『病床の黙想』より

弱い人は、強い人に憧れるものです。そして「自分も、ああいう人間になれればなあ」といった羨望にも似た、かなえられない夢を抱くことが少なくありません。しかし、ペレーヴ神父によれば、「神は、まれにしか強者を道具としてお使いにならない」と語っています。その理由は強者が勝利に導かれれば、それを神の誉れに帰せず、自分の手柄としてわが身を誇ってしまうからです。神はそのような高慢心を、とりわけ嫌います。それに反して、弱者は、自分のみじめさ、至らなさ、無力さをすでに知っていますから、最初から神のおん助けを求めつつ、その指導を仰ぐのです。そのことがかえって、ときには「巨人をも倒す」力を発揮することができるのです。ペレーヴ神父はフランス人。

92 工藤 信夫

一九四五年～

臨床上よく遭遇する出来事は〝自分自身がいやでいやでたまらない〟〝性格を変えて欲しい〟〝強い人になりたい〟などという願いです。こうした背景には、たいてい自分の中にある弱さを排除しようとする機制が働いています。

『魂のカルテ』より

私たちは、みずからの弱さや欠点や難点などが気になりながら、それを認めようとしないばかりか、できるだけそのような点を自分の中から取り除こうとして躍起になるものです。しかし除去できないどころか、ますます気になって、ついにはノイローゼ状態に陥ってしまうことさえあります。聖パウロはそのことの体験者で、自分の身に与えられた一つのとげを取り除いてくださるよう三度もキリストに祈ったのですが、かなえられませんでした。主からの「力は弱さの中でこそ十分に発揮されるのだ」という語りかけを聞いて、ようやく聖パウロは悟ったのです、むしろその弱さを誇ろうと。工藤はプロテスタント信者の精神科医。

天使と悪魔

——天使の保護と悪魔の企み

主イエスが力強い天使たちを率いて天から来られるとき、神はこの報いを実現なさいます。

（二テサロニケ1・7）

ああ、あらゆる偽りと欺《あざむ》きに満ちた者、悪魔の子、すべての正義の敵、お前は主のまっすぐな道をどうしてもゆがめようとするのか。今こそ、主の御手はお前の上に下る。

（使徒言行録13・10〜11）

93 エウジェニ・スメット修道女

一八二五〜一八七一年

先にみまかった家族の霊魂を、祈りや犠牲をもって救助し得るというのは、カトリックの信徒にとって、何よりも慰めと喜びに満ちた信仰である。そしてこれほど確かな信仰と確信をもって、死者のために身を捧げ得る宗教がまたとあるであろうか。

『御摂理のマリア童貞』より

わが国では祖先崇拝という美しい風習があります。そこでは死者の霊を慰めるために灯明を点《とも》し、花を手向《たむ》けます。しかし、墓参をし、香をたきながらも漠然とした死者の世界に目を向けるだけで、あまり心が満たされることはありません。そこへいくと、カトリックの信仰では死者との交わりという明るく秩序づけられた世界が開けています。スメット修道女が言うように、それによって私たちは喜びに満ちた死者との交流をもつことができ、大いに慰められます。とりわけ天国へと旅立った清められた魂は、私たちにとって宝です。スメット修道女はフランス人で、煉獄援助修道会の創立者。福者。

94　聖ドメニコ・サビオ

一八四二～一八五七年

ぼくは一人じゃありません。守護の天使がぼくと一緒にいますから。

『ドメニコ・サビオ』より

サビオは聖ドン・ボスコが開いていたオラトリオ会のメンバーでした。右のことばは、サビオが約三キロの学校への道のりを歩いていく姿を見た一人の紳士が「一人ぼっちで歩くのは怖いだろう」と問いかけたのに対して、平然と応答したものです。天使と聞いても現代人には単なる詩的表現くらいにしか受け止めてもらえないかもしれません。今日ではキリスト教信者であっても、その存在に確信がもてず、さほど関心を示さない人が少なくないようです。サビオは自分を守ってくれる天使を確実に信じていました。もちろん過剰なほど天使に心を奪われて「天使崇拝」になってしまっては危険ですが、神は守護の天使の保護を願う素朴な祈りを決して退けはなさらないでしょう。「罪を犯すより死を」が彼のモットーでした。十五歳で病気により夭折。一九五四年に列聖されました。

95 プルデンティウス

三四八～四一〇年頃

夜明けから夕べまで／われらのすべての行いを／一日もかかすことなく／天上から眺めている監視者がおられる。

『日々の讃歌・霊魂をめぐる戦い』より

プルデンティウスは初期キリスト教最大のラテン詩人です。掲げた詩は十二編にも及ぶ長編の中の一節で、この詩を読むと、末尾で使われている「監視者」という用語に少し抵抗を覚えるかもしれません。なぜなら、ここでは神がまるで刑務所の刑務官のように睨《にら》みをきかしているように見えるからです。しかし、この書の「注」によれば、「神はわれらのすべての思い、言葉、行いの聴聞者、認識者、目撃者である」との説明があって、もちろん監視者ではないことが分かります。「コリントの信徒への手紙一」四章九節にも「神はわたしたち使徒を、まるで死刑囚のように最後に引き出される者となさいました。わたしたちは世界中に、天使にも人にも、見せ物となったからです」といった聖句がありますが、なんと右に掲げた詩との共通性が感じられることでしょう。プルデンティウスはスペイン人。

96 モーティマー・J・アドラー

一九〇二年～帰天年は不詳

トマス・アクィナスは『神学大全』の天使論のなかで、「完全に霊的あるいは非物体的な被造物があるか」という質問に答えて、「それがなければ宇宙は未完成なものとなるだろう」と断言している。

『天使とわれら』より

トマス・アクィナスの「天使論」は難解ではありながら引きつけられます。昔、カテキズムか何かで、神が天使を創造された目的は、人間を助け守るためにあるというようなことを学んだ記憶がありますが、「天使がいなければ宇宙は完成されないだろう」という言い方に接したのは初めてで、その雄大さには目が開かれました。ところが、カトリック信者でありながら天使の存在を認めようとしない人たちもけっこういるのです。私たちは、ごミサの「回心の祈り」の際に、「全能の神と兄弟の皆さんに告白します。……聖母マリア、すべての天使と聖人、そして兄弟の皆さん、……」と唱えていますが、そこに天使が登場していることをお忘れなのでしょうか。アドラーはアメリカ人で、大学教授などを務めました。

97 ニコライ・ベルジャーエフ

一八七四〜一九四八年

神は悪と苦難が存在するゆえにこそ存在する。世界に悪があることは神の存在の証明である。もしも世界がもっぱら善であり純粋であるならば、神の必要もなく、世界はすでに神となっているであろう。『ベルジャーエフ著作集　第二巻』より

ベルジャーエフの書いた著作集第二巻は「ドストエフスキーの世界観」であり、聖書的な視点からの分析・考察を加えています。周知のとおりドストエフスキーは、この世の悪や苦難の問題に押しつぶされそうになりながら、人間社会の合理化傾向を拒否し、その不条理について神に問いかけ、呻吟した作家です。ベルジャーエフは、そのようなドストエフスキーの根本テーマに沿いつつ、世界に悪が存在しなければ、神の存在も必要ではないと述べています。悪や苦難があるからこそ私たちは十字架のイエスを仰ぎ見て、そこに信仰の自由が見いだせると言います。それこそ強制されることのない人間としての自由なのでしょう。ベルジャーエフはロシアの哲学者・神学者。

98 中山　和子修道女

一九一九〜二〇一八年

私たちが憎悪しなければならないのは、ある階級でもなければ、ある国、ある民族、ある人間でもありません。憎悪そのものであるべきです。すなわち憎しみ・恨み・怒り・復しゅうする心です。

『美しき愛の姿』より

このところ世界的規模でイスラム過激派らによるテロ事件が頻発しています。そのような事態に接して心を痛めない人はいないでしょう。困ったことに、人間による暴力や憎しみは連鎖反応を起こして、エスカレートしてしまいがちな特性を帯びていきます。ところで、シスター中山によれば、私たちが憎悪しなければならないのは特定の集団や人間ではなく、憎悪そのものであり憎悪を潜ませている人間の心性にあるとしています。イエスも「人を罪人《つみびと》だと決めるな。そうすれば、あなたがたも罪人だと決められることがない。赦しなさい。そうすれば、あなたがたも赦される」と述べていますように、彼女は今こそ人間を内面から変えていく「愛による赦しの革命」を始めることが必要ではないかと訴えました。

99 田口　芳五郎枢機卿

一九〇二〜一九七八年

キリスト教的啓示によれば、人間の背後には「暗闇の勢力」（ルカ22・53）という不思議なしかも強い力が働いていて、それは神のみ業を組織的に破壊し、神の似姿である人間そのものを、次いで人間と世界に関する神の愛と救いの計画を打ち破るために人間のエゴイズムを利用するのである。

『福音宣教の神学』より

「暗闇の勢力」は『新共同訳聖書』では、「（今はあなたたちの時で）、闇が力を振るっている」という文言になっています。これはイエスがゲッセマネの園で祈った後、捕まえに来た祭司長らに対して告げたことばです。本書は半世紀前に書かれたというのに、今もなお、光を失っていません。それが証拠に、私たちの周りに「暗闇の勢力」が、ますます力を振るってきているように見えるからです。「暗闇の勢力」は、神の愛の救いの計画を妨害し破壊するために、ひそかにそして巧みに「人間のエゴイズム」を利用すると言います。

100 ヘルマン・ランゲ神父

一八七八〜一九三六年

ユダが罪を犯し硬化したことは、実に、彼が与えられた聖寵に協力し得たであろうのに、協力しなかったことによるのである。それゆえに彼は、おのれ自身の責任によって失われて行ったのであって、神の正義そのものは明らかに保たれているのである。

『聖寵の國』より

ここでは、ユダがなぜ自滅の道をたどってしまったかの理由が端的に述べられています。ユダはイエスが社会を大改革した後、この世の王として君臨してくれることをひたすら待ち望んでいました。しかし、その願いがかなわないとみるや彼の心は主から離れ、裏切り行為へと走ってしまったのでした。その意味ではユダはみずから墓穴を掘ったも同然であり、ランゲ神父が言うように、自己の責任において彼の霊魂は失われてしまったのです。では、私たちはユダとどれほどの違いがあるというのでしょうか。私たちは、自分の意に沿わないと、すぐにイエスへの熱が冷めてしまう哀れな人間なのです。ランゲ神父はドイツ人で、神学者。

101 荒井 献

―一九三〇年～

アウグスティヌスによれば、ユダは神の憐れみに絶望したために、自暴自棄となって「後悔した」のであって、救われるために「悔い改めた」のではなかった。その結果、彼は自殺したのだが、自殺によって彼は、裏切りによりキリストに対して罪を犯した上に、自分自身に対して罪を犯した。『ユダのいる風景』より

このユダとは、もちろんイスカリオテのユダのことです。ユダはイエスから最後まで救いの手が差し伸べられていたにもかかわらず、イエスの愛が理解できずに、ついには銀貨三十枚でイエスを敵に売り渡してしまったのでした。荒井はここで「後悔」と「悔い改め」の違いを明確にしていますが、ユダは自害に及ぶ寸前まで真の「悔い改め」をしませんでした。そのために永遠の滅びに至ってしまったのです。私たちの心のうちにも、ユダに似た思いが潜んでいないでしょうか。イエスのなせる業に同調できないとき、つい不平をもらしてイエスから離れてしまうことはないでしょうか。

荒井はプロテスタント神学者。

102 ゲッレルト・ベーキ神父

一九二四〜二〇一五年

海綿《スポンジ》にはきまった形がありません。水の中に入れると水をいっぱい吸い取ってしまいますが、ちょっとしぼれば、その全部を出してしまいます。これは海綿の特徴です。きれいなものの中に入れると、それを全部吸い取り、汚れたもの、きたないものの中に入れても、これをみな吸いとるには吸いとりますが、後でいくらしぼってみても、その汚い色やいやなにおいが残ります。『心の細道』より

ベーキ神父が、このようなたとえを使って言いたかったのは、つまり「多くの人は、まったく海綿のような生活をしている。周囲からさまざまな印象や刺激を受け取っているが、ほとんど善悪や利害を弁《わきま》えることがない」ということなのでしょう。物事に対して好奇心をもち、貪欲に吸収しようとする態度は決して悪いことではありませんが、警戒することなく無神経に何でもかんでも自分の中に取り入れることは、知らず知らずのうちに汚いもの、害するものまで取り込む結果となり、きわめて危険だというのです。ベーキ神父はハンガリー人。

103 フランソワ・プティ神父

出生年など不詳

くらやみは、この世のかしらである悪魔の支配下にある。光が勝つとき、人は、信仰にみちびかれて、神のことばをうけいれ、神にしたがうようになるが、反対に、くらやみが勝つとき、人は、罪に罪をかさねる。しかし、さいごに勝つのは、キリストである。

『悪とは何か』より

この世は光と闇の戦いの修羅場といってもよいでしょう。せっかくイエスが十字架の死の苦しみによって、この世を覆っていた闇を取り除いてくださったというのに、私たちの心はふたたび闇に引かれてしまうというのは、いったいどうしたことなのでしょうか。闇が闇ではなく、まるで魅力のある光として映るのは、悪魔によって目がくらまされているとしか言いようがありません。それこそ私たちの幻想です。しかも闇の世界にのめり込んでいくほど罪が積み重ねられていく危うさ。私たちはもう一度、十字架という原点に立ち戻って、キリストの勝利を確信する信仰を持たなければなりません。

104 アルカンタラの聖ペトロ

一四九九〜一五六二年

わが子らよ、天啓、奇跡、異常事を求めないで、主が、あの聖福音の中に語りかつ教え給い、ローマの聖会が、汝に宣明したことを求めよ。しばしば、異常事の中には、悪魔が光の天使に身を変えている。

『念祷の栞《しおり》』より

私たちは信仰に熱心になればなるほど、神からの目に見える示しやしるしや奇跡などを求める傾向があります。そして、それが、いつの間にか信仰の喜びや慰めに取って変わっているのです。そんなとき聖ペトロは、福音書の中で語られた主イエスのみことばにのみ、心を、耳を向けよと警告しています。聖パウロが「コリントの信徒への手紙二」十一章十四節で語っているように、「サタンでさえ光の天使を装う」のはいとも簡単なことだからです。私たちは何の変哲もない隠れた信仰生活に飽きたらなくなって、ついつい別の新しいもの、心地よいものに心を引かれがちです。そんなとき悪魔はすばやく私たちの心の隙に忍び込んでくるのです。聖ペトロはスペイン人。一六六九年に列聖。

105 ジェフリ・バートン・ラッセル

一九三四年〜

悪は実在するが、本質的には善である宇宙を創造するための不可避の副産物としてである。有限なものは完全ではありえないのだから、神は有限な世界を創造するさいに、それを不完全にせざるをえない。『悪魔――古代から原始キリスト教まで』より

ラッセルはアメリカの宗教学者で、「悪」の問題について真摯に取り組んでおられる第一人者です。ここで「悪（悪魔）は不可避の副産物」という言い方をしていますが、私は最近、腸内細菌の研究者からこんな話を聞いて、ラッセルのこの文章をあらためて思い出したことでした。腸内細菌はおよそ善玉菌が二割、悪玉菌が一割、残りの七割の菌がどっちつかずの日和見菌《ひよりみ》だというのです。しかも悪玉菌は必ず一定数存在していて完全に駆除することは不可能で、善玉菌は悪玉菌が存在するからこそ、そうした敵と戦うために奮起するということでした。腸内世界は、なんとわがキリスト教信仰の世界と似ていることでしょう。さて、私たちは日和見菌をもっと味方につけるにはどうしたらよいでしょうか!?

106 バーナード・ヘーリンク神父

一九一二〜一九九八年

専《もっぱ》ら人の思惑をはばかったり、現世的な何かの利益を目的とするところから、表面的に礼拝の形をとるのは、明らかに虚無を礼拝することである。……これも偶像崇拝であり、実際に真の信仰を否定するものであって、確信をもって偶像を拝むよりかえって罪の重いことがあり得よう。

『キリストの掟Ⅱ』より

神の敵であるサタン（悪魔）を直接礼拝するということであれば、それは明らかに偶像礼拝の最たるものと言えるでしょうが、ここでヘーリンク神父が指摘しているのは、自分の確固たる信仰に立脚せずに、現世における金銭や物を大事にして快楽主義、物質主義に陥り、それらを信仰の代わりとして礼拝するようになれば、それはまさに偶像崇拝の恐れがあると言います。そうでなくても、あらゆるところにこの世の悪がはびこっていて誘惑の手を差し伸べていますから、私たちは、ひとつ間違えば気づかぬうちに、生ける神を捨てて偶像に仕えるという事態に陥ってしまうのです。ヘーリンク神父は著名な倫理神学者で、ドイツ人。

107 リック・ヨーン

出生年など不詳

敵の戦術は変化に富んでおり、人生のあらゆる面に及んでいる。その最も破壊力のある武器は不道徳であり、それによって、多くのキリスト者の態度や生き方をひそかに変えている。

『現代の誘惑』より

「敵」とはサタン・悪魔・悪霊といった闇の勢力のことです。彼らは、人間が好みそうなものを私たちの目の前にちらつかせては、欲望を喚起させます。この本の筆者は、教会はこの問題にあまり気づいていないため、敵はいろいろな角度から私たちに近づいてきて、巧妙に罠《わな》を仕掛けると説明しています。怖いのは、敵が私たちの弱点を、私たち自身が自覚している以上に熟知しているため、その弱点を狙い討ちにしてくるという点です。そんなとき私たちは、ついつい動揺し、恐れを抱いてしまいます。それは敵にとってのチャンスとなります。でも、「恐れるな」と語りかけてくださるイエスのことばは、私たちにとってなんという慰めのことばでしょうか。ヨーンはアメリカ人で、プロテスタント神学者。

教会

――聖体こそ私たちの教会の心臓

教会はキリストの体であり、すべてにおいてすべてを満たしている方の満ちておられる場です。

（エフェソ1・23）

108 テニエール神父

一八四七～一九〇九年

もし、かりに一瞬間でも聖体が地上から消失したならば、霊魂の世界に非常な無秩序と混乱が生じ、この物質世界が突如として太陽が去られ、宇宙がこなごなになる場合よりも、もっとはなはだしいであろう。

『聖体の黙想』より

人によっては、テニエール神父のこの言葉はいささか誇張しすぎているように聞こえるかもしれません。しかし、聖体こそ私たちの教会の心臓そのものですから、その聖体が存在しなくなれば、教会は、もはや教会とは言えないでしょう。その意味では、聖体は太陽になぞらえることができるのかもしれません。聖マザー・テレサは、「キリストに対する個人的な愛に成長したいなら、ご聖体こそその答えです」と語っていて、聖体を一日の活動の中心に据えていました。聖アウグスティヌスも、「立派にキリストを拝領するならば、私たちは聖体拝領したキリストその者だ」と『告白』の中で述べていますように、私たちは聖体拝領のたびごとに、よりキリストに似た者に変えさせられていくのでしょう。

109 ポルト・マウリチオの聖レオナルド

一六七六～一七五一年

聖なる教会の太陽を見なさい。それは雲を散らし、天を再び清澄にします。神の正義の嵐を静める、神々しい虹を見なさい。もしミサ聖祭がなければ、世界はこの瞬間に、不義の重荷に耐えられず、深い淵に沈んでしまうだろう、と私は信じています。

『隠されている宝――ミサ聖祭――』より

「聖なる教会の太陽」、および「神々しい虹」とは〝聖体〟のことを指しています。聖レオナルドは、〝聖体〟を生み出すミサ聖祭がなければ「この世界は不義の深い淵に沈んでしまうだろう」と断言しています。なんと恐ろしいことでしょう。けれども私たちの教会では、〝聖体〟が現に目の前に存在するのです。太陽の輝きに満ちた〝聖体〟が、神々しい虹のような美しさを帯びた〝聖体〟が。しかも、それを食することができるという恵みと喜びを味わえるのです。聖レオナルドは聖ヨハネ・クリゾストモのことばを引用して、「天使たちは、ミサがささげられるとき天から群れをなして降りてくる」とも述べています。聖レオナルドはイタリア人。

110 ルチア修道女

一九〇七〜二〇〇五年

主イエスは、ゲッセマネの園で、一人だっただけでなく、今も多くの聖櫃の中で、見捨てられて一人でいらっしゃるのではないでしょうか。私たちはパンをさく時、イエスのそばに居るだけでなく、その盃を飲む時にも、イエスと一緒にいることが必要です。

『現代の危機を告げるファチマの聖母の啓示』より

ルチア修道女は、一九一七年、ポルトガルのファチマで起きた聖母マリアのご出現のときに遭遇した三人の牧童の一人です。彼女は、一九四八年にカルメル会修道女会に入会し、帰天するまで沈黙の修道生活を送りました。その体験をみずから記したのが『ファチマの聖母の啓示』という書です。このファチマでの出来事はバチカンでも公認していることですから、これ以上説明しませんが、それにしても手記として書かれた右のことばは、聖体のうちにこもれる「見捨てられたイエス」への熱い思いが伝わってきます。何よりも「その盃を飲む時」とは、主のご受難に心を合わせようとの信仰告白にほかなりません。

111 星野　富弘

一九四六年〜

よろこびが集まったよりも／悲しみが集まった方が／しあわせに近いような気がする。／強いものが集まったよりも／弱いものが集まった方が／真実に近いような気がする。／しあわせが集まったよりも／ふしあわせが集まった方が／愛に近いような気がする。

『四季抄　風の旅』より

この詩に解説は要りません。そのまま素直に読み、そのまま飾らずに受け止めれば、星野の言わんとする思いが自然に伝わってくるはずです。星野は大学を卒業後、中学校の体育教師となりましたが、クラブ活動の指導中、みずから頸髄を損傷し、手足の自由を失ってしまいました。入院中に、口に筆をくわえて文や絵を書きはじめ、今や知らない人がいないほど、精力的に詩画や随筆の創作を続けています。なお、入院中に病室でキリスト教の洗礼を受けていますが、その影響でしょうか、右の詩では、悲しみや弱さや不幸に光が当てられていて、しみじみとした旋律が私たちの心を包んでくれます。

112 H・ファン・ストラレン神父

一九〇三〜二〇〇四年

わたしがかつて読んだいわゆる高名な神学者のある著書の中に、「不変の真理は、毎日大きな速度をもって本質的に変わっている立場に適応されなければならない」と書いてあるのをみて驚いた。……教会の使命は、現代の変わり易い立場を不変の真理に適応させることにある。

『絶対への旅』より

ストラレン神父は、教会の伝統的な教えを現代流にアレンジして提供することに憂いを抱いていました。もちろん教会は時代と共に歩んでいかなければならないことは言うまでもありませんが、思慮することもなくこの世の精神を受け入れることは危険だと言います。神学者ラインホルド・ニーバーは、「神よ、変えることのできるものについては、それを変えるだけの勇気をわれらに与えたまえ。変えることのできないものについては、それを受け入れるだけの冷静さを与えたまえ。そして、変えることのできるものと、変えることのできないものとを、識別する知恵を与えたまえ」（大木英夫訳）と祈りました。ストラレン神父はオランダから来日。元南山大学教授。

113 コンスタンティノ・コーゼル神父

一九一八年〜

「良いもの」を守れという基本原理を受け入れようと思うなら、世界を「古いもの」と「新しいもの」とに分けてはなりません。「古いもの」の中から良いものだけを採り、それが良いものである限りその良さを生かすことです。

『神との生活』より

ここでの「良いもの」とは、「テサロニケの信徒への手紙二」五章二十一節の「すべてを吟味して、良いものを大事にしなさい」から取ったものです。コーゼル神父は何事にも新しさを追い求める時代のすう勢を憂えて、「古いもの」の中にも「良いもの」があるから、それは捨てないようにと注意を促しています。もちろん彼は、「新しいもの」を頭から否定しているわけではありません。「どんなものでも、『古い』から、あるいは『新しい』から大切にするのでなく、真実であり、良いものであるからこそ大切にするのです」と付け加えています。コーゼル神父はブラジル人。

114 ヨゼフ・ミンセンティ枢機卿

一八九二〜一九七五年

家庭とは、神が創世の始めの人間を創造し永遠の生命に点火した、その火を世代から世代へ移し伝えてゆく聖なる場所です。この火は最後の審判のときに至るまで地上から消えさらぬものなのです。

『母を称える――神の鏡なる母』より

今や家庭が内部から破壊される危機的な状況が到来しました。その理由として考えられるのは、ミンセンティ枢機卿が語っているように、本来は創世の時代から聖なる火を伝承しながらともし続けてきた家庭が、もはや神不在の「聖なる場所」ではなくなり、家庭としての機能を失いつつあるからです。言うまでもなく「家庭」は社会構成の最小単位であり、最も重要な基盤と言わなければなりません。その基本的な単位が壊れつつあるために、世の中の秩序も乱れ、さまざまな困難を極める諸問題が引き起こされているのです。しかし、ミンセンティ枢機卿は、家庭が永遠の火をともし続けていくことは、最後の審判まで地上から消えさらないと断言しています。彼はハンガリー人。

神の愛　1

――神のみ手の業

わたしたちが神を愛したのではなく、神がわたしたちを愛して、わたしたちの罪を償ういけにえとして、御子をお遣わしになりました。ここに愛があります。

（一ヨハネ4・10）

115 マグダレナ・E・トーレス＝アルピ修道女

一九二四〜二〇一五年

神は人間に対して超然としていて、人間の側から探し求めるべき存在なのではなく、むしろ人間を呼び、探し、追い求める偉大な力である。これこそ、聖書のすべての思想の中心に見いだされるものである。

『預言者たちの霊性』より

ここでは無限の愛に満ちた神の存在が見事に表現されています。神は人間の側からの努力以上にご自分がすべてのイニシアチブをとられているというのです。この後で「もし神が人間のほうに歩み寄られなかったなら、人間は神を知らなかったであろう」と述べていますが、神の側からの顕現がなかったら、おそらく私たちはいつまで立っても神を認識できなかったし、また近づくことさえできなかったでしょう。神のいつくしみ、憐れみに深く感謝せざるをえません。また、私たちは「神のみことばに耳を傾ける」という言い方をしますが、まずは神の側からの「語りかけ」がなかったならば「聴く」ことも不可能だったはずです。私たちは何もかも神に負っているのです。

116 サーロフの聖セラフィーム

一七五九〜一八三三年

神は心臓と内臓を暖め、燃えたたせる火である。悪魔から来る冷えを心の中で感じるなら、主に呼びかけよう。そうすれば、主は私たちの心を、ご自分と隣人に対して完全な愛で燃えたたせてくださる。そして、悪魔の冷えはみ顔の前で消えるようになる。

『サーロフの聖セラフィーム』より

セラフィーム神父は生前、何も執筆しませんでした。ここに挙げたのは、霊的講話の一節です。彼は隠遁生活の中でたくさんの霊的賜物を受けていたために、それを知った巡礼者が絶えることなく訪れました。右のことばは、神の愛の火を悪魔の冷えとの対比において説明し、心が冷えるという現象は悪魔から来るもので、ただちに主に呼びかけて愛熱の火を受けるようにと助言しています。またセラフィーム神父は、頻繁に起きていた恵みの奇跡が現代ではなぜ起きないかという理由を、それは「ただ一つのことが欠けている。それは確固とした意志である」と述べています。ロシア正教会の聖人。

117　ラルフ・ワルド・エマソン

一八〇三～一八八二年

神は万物に真理と安逸《あんいつ》の選択を委ねる。どちらでも好きな方を取ってよろしい、――しかし両方はまかりならぬ。人はこの二者のあいだを、振り子のように、動揺する。

『エマソン選集二　精神について』より

エマソンの思想は人間の本質をよく突いています。たしかに真理と安逸のはざまで振り子のように往復しているのが私たちの現実だと言えましょう。エマソンの家系は代々牧師で、彼も迷うことなく牧師となりました。ところが彼は伝統に従って型どおりに動かねばならない牧師の生活に行き詰まりを覚えるようになり、早くも二十九歳のときに牧師の職を辞しています。以来、文筆家として思想、哲学、詩など幅広い分野で活躍し、名をはせました。彼は、それまでのピューリタン精神を脱ぎ捨てて、新しいアメリカの精神を創り上げたと言えるでしょう。宮沢賢治が彼の純粋なものの考え方に心酔したと言われているのは、心から自然を愛するエマソンの生き方に共鳴したためでしょう。

118 ドン・マルミオン神父

一八五八～一九二三年

（イエスは）御父との関係について語られる時は、いつも「父よ、わが父よ」といわれたが、弟子たちに対しては、この同じ父を「あなたたちの父」といわれた。この点に関し、イエスはご自分と、私たち人類との間に存在する本質的な違いを、一目瞭然ならしめるために、細心の注意を払われたことがわかる。

『生命の言葉』より

ここでは神の御子、イエス・キリストの超越性について教示しています。さらっと読んでしまうと何のことはありませんが、これをよく読んで福音書にじかに当たって確認してみますと、たしかにイエスご自身は常に「わが父よ」と呼びかけているものの「われらの父よ」とは呼びかけていないことが分かります。ですから「あなたたちの父」と言われたのです。御子イエス・キリストの神性がここでは明確に記されていて、超越性をもったお方であることにあらためて気づかされます。マルミオン神父は偉大な修道者として知られています。アイルランド人で福者。

119 コリー・テンブーム

一八九二～一九八三年

「自分に何ができるのか」を問うのではなく、「神に何ができないのか」たずねてみよ。

『アメイジング・ラブ―ナチ強制収容所を後に』より

「自分に何ができるのか」という問いは自己過信以外の何ものでもありません。その後に「神は何をしてくださるのか」といった問いが続くかと思いきや、「神に何ができないのか」と書かれてあったので、ハッとしました。「神は何をしてくださるのか」という問いは一見、神のご意向を尊重しているように見えながら、神に限界をもうけようとする傲慢な態度です。が、「神に何ができないのか」という問いかけには神への絶大な信頼が感じられます。なんという違いでしょうか。テンブームは一九四四年にユダヤ人の逃亡を助けたかどで、父と姉と一緒に収容所に送られましたが、奇跡的にもテンブームのみ助かって、第二次大戦以降、キリストの証人として世界各地を旅する人となり、数多くの著作を残しました。テンブームはオランダ人。

120 稲垣《いながき》 良典《りょうすけ》

一九二八年〜

現代人は「神のごとくである」ことを要求するどころか、「神の死」を自明的な人間学的テーゼとして受けとめ、すべての存在は「われ思う」という自己意識に依存すると主張することによって暗黙的に自らを神の座にすえている。

『天使論序説』より

「神の死」とは、半世紀前に欧米で唱えられた「神の死の神学」のことで、神不在の現代世界を逆説的に表現しています。「われ思う」とは、デカルトの主張した哲学（「我思う、ゆえに我あり」という考え方）で、そこから近代合理主義が始まりました。いずれも人間があたかも「神のごとく」に振る舞って、神の座を占領しているといった構図をかいま見ることができます。稲垣によれば、かつて一部の天使がみずから神の座を乗っ取ろうとした傲慢の「罪」により地獄に転落したように、今や現代人は自己を神に等しくなったかのように錯覚して「自己神化」を遂げつつあるというのです。稲垣はトマス・アクィナス研究の第一人者。

121 メール・イヴォンヌ修道女

一九〇一〜一九五一年

神を人間化する者は多いけれども、人間を神化する者は少ない。

『聖寵を浴びて』より

これはイヴォンヌが後輩の修道女に向かって話しかけたことばの一つです。やや謎めいたことばではありますが、彼女は幼い頃から、被造物の中における神の現存と神と被造物との関係におけるその現存に、すべてを帰結させていたと言いますから、おそらく神との一致が念願だったのでしょう。「神を人間化する」とはイエスの人性のみを認めて神性についてはあまりふれないという態度のことでしょうか。それは、神を遠くに押しやって神に近づいていこうとしない人間の浅ましさなのかもしれません。そこでは神との親しい交わりを認めることはできません。「人間を神化する」ということばを、もちろん人間が神になるという意味にとってはなりません。聖なる神に近づいていって清い存在になろうと努めること（聖化）、そのような人が少ないというのです。イヴォンヌはフランス人。

122 スキレベークス神父

一九一四～二〇〇九年

私たちは奇跡を願う祈りを少なくして、生活の中での通常の祈りを大切にすべきである。もし、子供が父に玩具を願ったときに、父はそれを与えるならば、子供は単純に、自分の要求に父が応えてくれた贈り物としてそれを見る。

『救いの協力者聖母マリア』より

私たちは祈るとき、いつもちょっとした奇跡が起こることをひそかに期待しているものです。スキレベークス神父は、父子関係になぞらえて、玩具を欲しがっている子どもに、そのつど買い与えたならば、子どもは父が単純に自分の要求を聞き入れてくれたと受け止めて安心してしまうだろうというのです。もちろん父の愛は伝わるのかもしれませんが、それでは子どもに忍耐や我慢の心が育つはずがありません。ですから、神は人間が自分の我欲を優先して奇跡を願おうとする祈りには耳を傾けようとせず、いつも「待った」をかけて、私たちの信仰心を高めようと配慮してくださっているのです。スキレベークス神父はオランダ人。

123 井深《いぶか》　八重

一八九七～一九八九年

み摂理のままにと思いしのびきぬ　なべては　ふかく胸につつみて

「道を来て」より

井深八重は会津藩家老の一族として生まれ、数奇な運命をたどった人です。同志社女学校でキリスト教の薫風を受け、卒業と同時に長崎の高校教師として赴任したのですが、思いがけないことに体中にポッポッと赤い斑点ができたため診断を受け、その結果、ハンセン病が疑われて急きょ、神山《こうやま》復生病院（静岡県御殿場にあるハンセン病の隔離療養所）への入院が決まったのでした。当初、彼女は目の前が真っ暗になり、何度か自殺という言葉が脳裏をよぎったと言います。そこで院長レゼー神父と出会って受洗。三年後に改めて上京して診断を仰いだところ誤診だったことが判明したのですが、彼女はそのまま病院にとどまることを決意し、看護師としての歩みを始めたのでした。右の短歌はそのときの心境をつづったものです。晩年、彼女はナイチンゲール記章など数々の賞を受けています。

124 ヴィクトル・フランクル

一九〇五〜一九九七年

たとえもはやこの地上に何も残っていなくても、人間は——瞬間でもあれ——愛する人間の像に心の底深く身を捧げることによって浄福になり得るのだということが私に判ったのである。

『夜と霧』より

『夜と霧』は、精神科医フランクルがアウシュヴィッツ強制収容所に送られ、そこで地獄の体験を経て生還した後に書きつづった記録です。掲げたのは、別の収容所に収容されている妻への想いを募らせていく中で（その時点で、すでに妻はこの世から去っていいます）、次第に生きる力を得ていった、その心的過程を説明している箇所です。その脈絡でフランクルは、「彼女の眼差しは、今や昇りつつある太陽よりももっと私を照らすのであった」とも述べています。そのことをフランクルは、「愛による、そして愛の中の被造物の救い」という言い方をしていますが、どんな過酷な状況にあっても愛は互いの絆を結びつけ合わせたまま、引き離すことはなかったのです。フランクルはオーストリア人。

125 鶉野　泰年神父

一九三二〜二〇一一年

偶然と思われる出会いによって、その人の歩みが決まる。でも偶然というのは本当はありえない。それはまさに神のみ手の業であり、御摂理のなせる業である。

『聖母マリアの交響曲《シンフォニー》』より

私たちが、ときどき「これは偶然ではなかった」というようなことを実感として経験するのは、鶉野神父の言われるように、とりわけ人との出会いにおいてでしょう。私たちは、人を通して神に導かれていることを確信するのです。私事になりますが、鶉野神父との出会いがその一つでした。ご生前、ある月刊誌に掲載された神父の文章について、思い立って質問の手紙を差し上げたことがあります。すると、それに対して神父はそれこそ丁重な返事をくださったのです。以降、神父との手紙の交換が始まって、そうこうするうちに、ある日、鶉野神父から手造りの聖母像が送り届けられました。それは澄みきったまなざしの清楚な聖母マリア像でした。鶉野神父とともに聖母マリアに感謝。

126 ジャン・ダニエルー枢機卿

一九〇五〜一九七四年

オリゲネスは、神について語るのは常に危険なことである、と言ったものである。事実、神についてわれわれが語るすべてのことは、神のあるがままの現実に比べれば、まったく取るに足らぬ貧弱なものに思われる。

『キリスト教の神とは』より

「主の十戒」の第二に、「あなたは、主の名をみだりに呼んではならない」というおきてがあります。そもそも私たちは神から比べれば塵《ちり》にも等しい存在ですから、神についてあれこれ語るだけの資格がないことは言うまでもありません。でも、あまり自己謙抑的になってしまいますと、宣教するのさえ臆してしまうことになりかねません。そうではなくて、たえず神ご自身が語られることを神に代わって述べさせていただくという慎み深い態度で語ることを心がけるならば、おそらく神はそれを喜んで受け入れてくださるに違いありません。オリゲネスは三世紀の神学者。ダニエルー枢機卿はフランス人。

127 フランシス・ジャム

一八六八〜一九三八年

わが主、わが神よ、／ああ！　私にもう一度／野原の上に鳴り渡り／歓喜にみちて高低《たかひく》する／朝夕の鐘の音をお聞かせ下され。

『ジャム詩集』より

これはフランスの聖母出現の地、ルルドの泉に感動して認《したた》めた「ルゥルド霊験由来」という長編詩の中の一節です。最後は「おお　やさしい顔よ、／枯枝を拾ってゐた／少女ベルナデットよ、／われ等膝まづく／見るがよい、今日はそなたの祝祭だ。」で結んでいます。他に「おお　神さま　どうか私が／出来るだけ単純な生活《くらし》を続けるようになさって下さい」という詩も見られます。堀内大學による名訳で、これほど美しい詩なのですから、フランス語の原文はさぞかしすばらしいものでしょう。ジャムのつづった詩は、いずれも子どものような純朴さに満ちており、いつ読んでも心が洗われます。湧き出ずる泉水のささやき、木々の葉のふれあい、小鳥のさえずり等々、朗々たる万物のシンフォニーが奏でるその詩《うた》の数々は、まるで神への賛歌と言ってよいでしょう。ジャムはフランス人。

神の愛　2

――神を愛するということ

主は憐れみ深く、正義を行われる。
わたしたちの神は情け深い。（詩編116・5）

128 ドン・ヴィタル・ルオデ神父

――一八五七～一九四八年

「わたしを愛する人をわたしも愛する」（箴言8・17）と神は言われる。神を愛そう。そうすれば私たちは確かに愛される。深く愛そう。そうすれば、必ずや限りなく愛されるであろう。

『み手にすべてをゆだねて』より

私たちは、「心を尽くし、精神を尽くし、思いを尽くして、あなたの神である主を愛しなさい」（マタイ22・37）という第一のおきてを常々耳にしてはいます。それに沿うような形で冒頭の箴言のことばは、〝わたしを愛するならばわたしもあなたを愛そう〞と私たちに語りかけてくださっています。そして神を深く愛するならば愛するほど、神は限りない愛のまなざしを私たち一人ひとりに向けてくださるのです。さらにルオデ神父は、「真の愛とは自分を与えるところの愛、特に完全な従順と、すっかり自分をゆだねきった子供の親に対するような愛である」とも書いています。ルオデ神父はフランス人。

129 マリー・テレーズ・ドゥ・スビラン修道女

一八三四〜一八八九年

神は、心の大きさに応じて、絶え間なくあふれるほどにご自分を注ぎ与えてくださいます。そして「口を広く開けよ、わたしはそれを満たそう」（詩編81・11）とおっしゃいます。

『麦の穂は陽を浴びて』より

「心の大きさ」とは、言うまでもなく私たちの信仰習熟度の広さ、深さ、高さのことを意味していると言えましょう。詩編で言う「口」とは、私たちの主に対する望みのことにほかなりません。心の器の大きさに応じて、注ぎ込む恵みの量は明らかに異なってくるというのです。そして計り知れない神の愛の注入は、限りがありません。その辺の信仰の神秘について、スビラン修道女は数々の手記を残しています。他に「祈りによって、祈りの中に、被造物にご自分をお与えになる神の奥義、祈りの中に流れくだる恵みのえもいえない宝の奥義を、やっと理解することができました」という謙虚な文章も心にとまりました。スビラン修道女はフランス人。援助マリア会の創立者で、後に福者となりました。

130 中尾　邦三牧師

一九四八年～

人間の愛は、たいていの場合、相手に自分の条件を満たすものがあるから愛するという、「だから」の愛、あるはその条件が満たされれば愛しましょうという「もしも」の愛です。しかし、神の愛は、神の条件に全くかなわない者をも愛してくださる、「にもかかわらず」の愛です。二〇一四年の「礼拝メッセージ集」より

人間同士の、「だから」とか「もしも」といった条件付きの愛は、所詮《しょせん》満たされないことは言うまでもないでしょう。しかし、そういった淡い愛にしばられながら生きているのが私たちの現実なのです。ここで中尾牧師は「にもかかわらず」の愛を強調していますが、それこそが条件付きでない神の無限の愛だということが言えるでしょう。中尾牧師は一九九一年からアメリカ・テキサス州の日系キリスト教会で司牧しながら、Penguin Clubという、ホームページを開設しています。そこでは毎週、音声による希望に満ちた力強い説教を聞くことができます。

131 ブラザー・ロジェ

一九一五〜二〇〇五年

何よりも重要なことは、あなたが「わたしは神を愛していない」と思ったとしても、神はあなたを愛している、ということに気づくことです。

『祈り—信頼の源へ—』より

神の愛は広大無辺ですから、たとえ神に逆らう無神論者であっても例外なく愛の網で包まれていることは確かでしょう。ましてやキリスト信者であって神の愛に素直に応答し、礼拝し、愛そうと努めているかぎり、神の愛といつくしみと憐れみはどれほどその方に注がれるでしょうか。ロジェは別の箇所で、「神は、わたしたちの人生という美しい布地を、神のゆるしの糸によって織られるのです。神はキリストのうちにわたしたちの過去を葬り、わたしたちの未来をも、すでに整えてくださっているのです」と語っています。ロジェはテゼ共同体創立者でしたが、ある日の礼拝中、合唱団に紛れ込んだ精神的に不安定な女性に突然刃物で刺され、帰天したのでした。享年九十。スイス人。

132 ジョゼフ・ラングフォード神父

一九五一〜二〇一〇年

わたしたちの神は名工の師匠であって、彼が手作りし、贈り物として子どもに与えたクリスタルの花瓶を、自分の過失によって壊してしまった子どもが、割れた破片を手にしているのを見たら、ただそれをつなぎ合わせるだけでなく、以前よりさらに美しくしてくださるのだ。これこそ神の慈愛の大きさであり、広さであり、力である。

『マザーテレサの秘められた炎』より

私たちの過失による失敗を決してとがめ立てすることなく、そっと寄り添って前よりも美しくしてくださる魔法のような神の配慮に感謝するしかありません。それこそが神の計り知れない恵みなのでしょう。一方、「イザヤ書」六十四章七節に「わたしたちは粘土、あなたは陶工」という聖句があるように、そもそも私たち自身は粘土ですから、陶工である神が、私たちをいかように扱われようとも、信頼して一切を委ねるしかありません。ラングフォード神父はアメリカ人で、マザー・テレサの「神の愛の宣教者会」を支えて「司祭の会」を設立しました。

133 グエン・ヴァン・トゥアン枢機卿

一九二八〜二〇〇二年

主の愛のうちに完全に生きた、一つひとつの美しい瞬間をつなぎ合わせるなら、わたしの人生は最高のものになります。『5つのパンと2ひきの魚—獄中からの祈り』より

トゥアン枢機卿は、ちょうどあのベトナム戦争が終結した年の一九七五年、共産政権によって騒乱幇助《ほうじょ》のかどで捕らえられ、以後、十三年間に及ぶ拘留・軟禁・独房生活を余儀なくされました。右に紹介したことばは、過酷な獄中生活の中でひそかに日めくりカレンダーの裏にメモ書きしておいたもので、主への熱い思いが伝わってきます。牢獄にある彼にとって時間はかなり間延びしたものに感じられたようですが、しかし、彼は一瞬一瞬をまるで愛《め》でるように貴重なものとして過ごされました。「希望の人生は、人の生涯の一秒一秒から生まれるのです」とも書いています。彼は「みこころならばマリアさまの祝日の日に釈放されますように」と祈ってきたとおり、一九八八年、聖マリアの奉献の記念日に解放されたのです。二〇〇一年に枢機卿に親任され、翌年、病を得て天に召されました。

134 戸塚　文卿《ぶんけい》神父

（一八九二〜一九三九年）

神の愛とは、神に慰められることでなくして、むしろ神をお慰めすることである、ということを忘れてはならない。

『戸塚文卿神父著作集　第三巻』より

「神をお慰めする」ということばを聞くと少し奇異に感じられるかもしれません。神は人間からの慰めを必要としないし、ましてや、そんな弱々しい神であるはずはないといった声が聞こえてきそうです。けれども、戸塚神父は単純明快に神の愛について語ってくれました。私たちはふだん神からの愛ばかりを求めて信仰生活を送っていますが、神の本当のお望みは私たちからの愛の要求ではないだろうかと。しかも、罪悪の闇がこの世を覆い尽くしている現状からして、神の嘆きや痛みは限りなく深いと言わざるをえません。だからこそ、私たちは神から愛されることを受け身的に求めるのではなく、私たちの側から積極的に神に応答し、お慰めする必要があるのでしょう。戸塚文卿神父は医師としても活躍しました。聖ヨハネ会桜町病院の創立者。

135 北森　嘉蔵《かぞう》牧師

一九一六年〜一九九八年

痛みにおける神は、御自身の痛みをもって我々人間の痛みを解決し給う神である。イエス・キリストは、御自身の傷をもって我々人間の傷を癒し給う主である。

『神の痛みの神学』より

北森嘉蔵が若くして執筆したこの『神の痛みの神学』は、〝苦悩する神〟の姿を提起した書として注目され、欧米でも話題となりました。彼はプロテスタント神学者で、十字架による贖罪の意味が何なのかを考える際、この「神の痛み」という概念はとりわけ重要であると説いています。「エレミヤ書」三十一章二十節に「わたしは神を憐れまずにはいられない」という聖句がありますが、その中の「憐れむ」は、もともと「我が腸《はらわた》が痛む」という意味合いがあると言います。また、「イザヤ書」三十章二十六節に「重い打ち傷」という言葉が使われているのも、「神の痛み」にほかならないと述べています。十字架に磔《はりつけ》にされたイエス・キリストは、私たちのつらさや嘆きや痛みを誰よりもよく理解してくださる神なのです。

136 泉　キリ江修道女

一九三八年〜

もし私たちのなかに死にたいという思いがあるとすれば、それは愛されているという実感がないからなのかもしれません。

『愛されて生きる——ホスピスの現場からの報告』より

超高齢社会となりました。身の回りを眺めると、悲しいかな、「死にたい」と訴えるお年寄りが、だいぶ増えてきたように思います。シスター泉は病院のホスピス長として働いてきた人ですが、「死にたいという思いは、愛されているという実感が持てないことからきているのではないか」と重たい課題を私たちに突きつけています。マザー・テレサもやはり同様のことを述べていますが、誰からでもよい、自分が大切な人間として扱われ、そして自分が愛されているという実感が持てるようになるならば、その時点から、その人はただちに死への願望から脱出することができるのではないでしょうか。この文章の直後でシスター泉は、きっぱりと「愛されれば生きることができます」と述べています。

137 ジャン・ガロ神父

一九一九〜二〇〇八年

黙って愛しなさい。わたしが愛したように、何も語らずに、しばしば外にさえ表さずに黙って愛しなさい。

『愛のいのり』より

「わたしが愛したように」と書かれてありますが、これはガロ神父が主からの啓示のことばを受けて書きとめたわけではなく、神父自身が主イエスのお声を聞いたという想定のもとで代わって語られたことばです。考えるまでもなく、イエスのわずか三十三年間の生涯のうち、それまでの三十年間は、誰にも知られることなく養父ヨセフと共に黙々と大工仕事に従事しておりますから、まさに「黙って愛した」生活だったということが言えるのではないでしょうか。私たちも、イエスに見倣って、イエスのように果たして沈黙のうちに愛をもって生活をしていくことが可能なのでしょうか。別の箇所で、「人のことばや態度でいらだったなら、黙って愛しなさい。心の奥に秘められた苦しみを、忍耐深くささげなさい」といったことばも見られます。ガロ神父はフランス人。

138　C・タルタリ神父

一九一二〜二〇〇二年

神はわたしたちの最終目標です。神はご自身のために、わたしたちをおつくりになりました。神はわたしたちがただ一時的にでなく、永遠にみそばでかれをながめ、み光に浴し、かれのご生命に生き、その喜びにあずかることをお望みになります。

『キリスト教入門』より

大学に勤めていたときのこと。ときどき学生の口から、「自分は今後どう生きていったらいいか分からないんです」といった悩みを打ち明けられたり、「人生は果たして生きるに値するんですか?」とか、「人生の目的ってあるんですか?」といった質問をされたことがありました。これは明らかに、それまでの生活の中で、大人たちから人生の指針や羅針盤を示されなかったことを意味しています。それに対して、タルタリ神父は聖書に基づいて明確な回答を与えています。ゴールは神であり、私たちは神によって神のために創造された。そして、いずれ神のもとで永遠に生きて、その喜びにあずかれるのだと。タルタリ神父はイタリア人。

139 川西　端夫《みずお》

一九二二〜一九四三年

ほんとうにどこへ行っても、神様を磁石のように、いつでも、見上げて縋《すが》っていきたいと思っています。この月を、この星を創られた方をお父様と呼ぶことはほんとうに何というお恵みでしょう。

『みつばさのかげに』より

川西端夫は、東大総長だった矢内原忠雄の主宰するキリスト教の日曜集会の門下生で、在学中、二十一歳の若さで天に召されました。本書は追悼遺稿集ですが、その中の右のことばは、長崎への帰省中、汽車の中でしたためた矢内原宛ての手紙の中の一節で、純粋な魂をもった彼の熱意に満ちた信仰が、しみじみと伝わってきます。「神様を磁石のように」とさらりと述べていますが、神を磁石と見立てているところが彼らしい。言うまでもなく磁石は、鉄を引きつける性質をもった物体であり、神の観点から見れば、磁石は神の愛、鉄は人間ということになります。神の愛に逆らうことなく吸い寄せられるように引きつけられてしまった川西のその従順さに、私たちも見倣いたいと思います。

140 アントニオ・エバンヘリスタ神父

出生年など不詳

神の愛は、全能、永遠なる神そのものにふさわしく、ねたみ深く、執ようで、絶対的です。それは、ご自分も愛されることを望む愛、この愛を侮《あなど》る大胆な者に対しては怒りに変わる愛なのです。

『みこころの信心』より

「出エジプト記」三十四章十四節に「お前はほかの神を礼拝してはならない。主の名は妬《ねた》みであり、妬みの神である」と書かれています（フランシスコ会聖書研究所訳）。新共同訳では「妬みの神」を「熱情の神」と訳していますが、私個人としては「妬みの神」のほうが神のご本質をよく言い表し得ているように思います。神が妬みをもたれるというのは理解しにくいことですが、旧約ではその「妬み深い神」がときどき登場します。妻を愛するあまり妬み深いほどの思いで妻を独占する夫がいるように、私たちの神もまた、同様の思いで私たちを愛してくださっているのでしょう。また、「雅歌」八章六節に描かれている「愛は死のように強く」も、まさにすさまじいまでの愛を表現していると言っていいのかもしれません。

神のみ心

――私たちの思いとは異なる神のご計画

御父は、御心《みこころ》のままに、真理の言葉によってわたしたちを生んでくださいました。それは、わたしたちを、いわば造られたものの初穂となさるためです。

（ヤコブ1・18）

141 マルガリタ・ヴァラピラ修道女

一九五四年〜

人間は神のご計画を変更することはできません。なぜなら、神なる愛を持って決められるご計画は、わたしたちにとって一番良いことだからです。

『イエスは今日も生きておられる』より

私たちは、口先では神のみ旨に従って歩ませていただきたいと祈りながら、心の内では気づかぬうちに自分の計画を優先させて、神のご意思を自分に合わせようとしている性向があります。しかも、自分の計画がうまく進まないと、ついその責任を他人や神に負わせ、愚痴や不平不満を並べ立てて怒りを募らせてしまうのです。なんと身勝手な存在なのでしょうか。神はご計画によって、いつも私たちのために最善の道を用意してくださっているのですから、もし物事がスムーズに遂行しなかったら、それはあくまでも私たちの側に問題の根があると受け止めて謙虚に反省し、改めて出直したいものです。ヴァラピラ修道女はインド人で、祈りと黙想の指導のため世界各地を駆け巡っています。

142 グドルフ神父

出生年など不詳

イエスの聖心《みこころ》はその輝く知識をもって万物を抱き、その愛の熱をもって万物を暖められる。すなわち宇宙を照らし暖める太陽であられる。『聖心の奥義』より

イエスの聖心について、これほどまでに心血を注いで書かれた本を知りません。グドルフ神父は、特に二十世紀に入ってから「聖心に対する信心」がうすれてきたことを憂えて、それを復興させようという意図のもとに執筆しましたが、残念ながら今もなお、「主の聖心にたいする信心」は消極的なままだと言わざるをえません。私たちはイエスご自身の手でみずからの心臓をさし示しているご絵やご像などを見かけることがありますが、心臓こそイエスの聖心の象徴です。というのも、イエスが十字架上で亡くなられた後、一人の兵士が槍でわき腹を突いたとき、すぐに血と水が流れ、その瞬間からイエスの聖心が開かれたからです。そのとき以来、永遠の泉が私たちの上に注がれるようになりました。私たちはイエスの聖心から発せられる、その鼓動にも耳を澄ませたいと思います。

143 ノリッジのジュリアン

一三四二〜一四一三年以降

神は哀れみと同情という特質が備わっているのとまさに同じく、神には渇きと渇望という性質が宿っているのです。そしてキリストが持っているこの渇望の力をお借りして、われわれの方からも、キリストに対して渇望しなければなりません。

『神の愛の啓示』より

ジュリアンは三十歳のとき、突然重い病気にかかって主から十六の啓示を受けました。右のことばは十三番目に受けた主からの啓示に対して彼女自身がしたためたコメントです。「神には渇きと渇望という性質が宿っている」というのは、主イエスが十字架上で叫ばれた「私は渇く」というみことばに呼応していることは明らかです。もちろんイエスの渇きは二千年前のあの十字架上にとどまらず、今もなお、私たちへの渇きであることは言うまでもありません。それも私たちからの愛を求めての渇きです。だとするならば、私たちもイエスへの渇望を一層深めていかなければなりません。

ジュリアンはイングランドの神秘家。

144 三浦　綾子

一九二二～一九九九年

私は癌《がん》になった時にティーリッヒの、「神が癌をもつくられた」という言葉を読んだ。その時、私は文字どおり天から一閃《いっせん》の光芒《こうぼう》が放たれたのを感じた。神を信ずる者にとっては、「神は愛」なのである。その愛なる神が癌をつくられたとしたら、その癌は人間にとって必ずしも悪いものとは言えないのではないか。

『泉の招待』より

三浦綾子は周知のとおりクリスチャン作家です。『氷点』をはじめ数々の名作を生み出しました。若い頃、肺結核や脊髄カリエスを患って十三年間も療養生活を送り、晩年には直腸がんの手術も受けています。彼女はティーリッヒ（アメリカのプロテスタント神学者）のこの「神が癌をもつくられた」という言葉にふれて、これまでがんを悪者視してきた見方を修正し、素直に「神からの贈り物ではないか」、「むしろ自分は神から依怙贔屓《えこひいき》されているのではないか」と受け止めるに至って、心に平安を感じるようになったと言います。

145 ジャン・ピエール・ド・コッサード神父

一六七五〜一七五一年

自分の好みに従って「さあ、これからこの道を行こう」とか、「あの人と相談しよう」とか、「この方法でやろう」と言うやいなや、すぐ主は、その反対の方向に事をお運びになります。

『み旨のままに』より

神が私たちの求める方向とは異なった方向に導かれるとしたら、私たちの目に神はなんと天の邪鬼な方に映ることでしょうか？　かたや「自分の思いどおりにならないからこそ、人生っておもしろいのさ」と割り切っている人がいますが、しかし、そんなのんきなことを言ってもいられません。確かに私たちの進むべき道はいつも二者択一で、その岐路に立たされてはどちらかの道を選択して歩んでいます。しかも、その決断は必ずしも成功するとはかぎらず、結果的には自分の思いどおりにはいかず、期待外れと空しさを味わうこともしばしばです。しかし、神はそのような試練を通して、私たちに自分の力に頼ることの限界を気づかせ、神に全面的に頼ることを学ばせようとしておられるのです。コッサード神父はフランス人。

146 ヨゼフ・バイエル博士

出生年など不詳

聖アウグスティヌスは、この世の物質的な禍《わざわい》を絵画における影にたとえていられます。影があるからこそ、絵に描かれてある美しい風景の真の価値が一層はっきりと光り輝いて浮かび出るのです。しかし世の中の人々はしばしば、ただ影だけを見て「なんてみにくい絵なんだろう！」と叫ぶのです。

『我等何を信ずべきか』より

ある著名な画家から、「絵画というものは光と影で成り立っているんだよ。物を描くときわれわれは、まずは影を描くことに専念する。そうすればおのずから光が浮き彫りにされるからね」と助言されたことが思い出されます。たしかに私たちは影の価値を見落とし、影を負《マイナス》としてばかり見ているような気がします。そうであるならば、私たちはいつまでたっても絵の全体像を見ることはできないでしょう。たぶん、あちらの世界に移ったとき、はじめて私たちは絵の全貌を見ることができ、それによって神の尊いお計らいに深く感謝することでしょう。

神のみ心

神の現存

――神を見つめ、神に見つめられて

「はっきり言っておく。死んだ者が神の子の声を聞く時が来る。今やその時である。その声を聞いた者は生きる」。

（ヨハネ5・25）

147 ジョセフ・バーナーディン枢機卿

一九二八～一九九六年

神のみ手が、目的をもって私の人生に入ってくるのは、きっと正面からだろう、と私は思っていた。しかし、実際は、神は脇から、つぶやかれたり、ささやかれたりする。

『やすらぎの贈り物』より

バーナーディン枢機卿は『やすらぎの贈り物』の本を書き上げて十三日後、すい臓がんのため六十八歳の生涯を閉じました。枢機卿だった晩年、突然、身に覚えのない性的虐待というかどで偽りの告訴をされ、何もかもが失墜しそうになるという過酷な試練に見舞われた体験が、この書につづられています。がしかし、神は彼を見捨てませんでした。やっと嫌疑が晴れて無実を勝ち取ったのでした。ところがそれも束の間、その翌年、今度はすい臓がんという宣告を下されました。右のことばは、そうした末期の状態で、過去を回想しながら書きつづった手記の一節です。神のみ手は真正面から差し伸べられるものという、それまでの思い込みが見事に覆されて、彼はまったく無にされたのでした。アメリカ人。

148 ドン・ショータル神父

一八五八〜一九三五年

あなたのおまなざしは、いつも、私の行為のうえにそそがれています。わたしの行為がどんなものだか、それを見究めるために、あなたがわたしの行為を、ごらんになっていない瞬間というものはありません。

『使徒職の秘訣』より

この一節をくくっている小見出しには、「神の現存の意識——これこそは、心の取り締まりの土台である」と書かれてあります。ショータル神父は、私たちが神の現存の意識をもたず、自分の霊魂に神が内在しておられる事実を忘れて生活しているために、たくさんの過ちに陥り、霊魂が不完全さと、ときには冷淡さえ混じっていることに気づかないでいると嘆いています。ですから、それを克服するために「心の取り締まり」の修業を行うことが有効であると説いています。では、その修業とは何でしょうか？　その手っとり早い方法として、彼は右のことばのように、神のまなざしをいつも感じながら生活するということを提案しています。ショータル神父はフランスのトラピスト修道院院長でした。

149 田中 正造《しょうぞう》

一八四一〜一九一三年

神の姿、目ある者は見るべし。神の声、耳ある者は聞くべし。神の教え、感覚ある者は得るべし。

『田中正造』より

田中正造と言っても若い人には馴染《なじ》みがないかもしれません。彼は公害問題反対運動の先駆者で、衆議院議員の身でありながら、足尾銅山鉱毒事件（栃木県）に関わったのでした。その鉱毒被害に遭われた住民を救うために、彼は議員の職を投げ打って当の地、谷中村《やなかむら》に入り、村民と共に政府と闘っています。キリストの教えに心酔していた正造は、ある手紙で「正造は天国に行く道普請の最中で多忙です」とつづっていますが、結果的には鉱毒問題を根絶できずに、彼は自分の至らなさを神の前で懺悔《ざんげ》したと言います。けれども、正造の肉体は滅んでも、正造の精神は今もなお生き続けていることは確かでしょう。臨終の際に枕辺に残された遺品には、日記と新約聖書などの他、なぜか石ころ三個が入っていたと伝えられています。

150 ご復活のラウレンシオ修士

一六一四～一六九一年

神が、私たちにお求めになるのはたいしたことではなく、ただ、時どき、ちょっと思い出すこと、ちょっと礼拝すること……また仕事の最中にでもできるだけたびたび、神とともに慰めを見い出すことなどです。

『神の現存の体験』より

私たちは神から求められる要求は、いつも過大ではないかというような思いにとらわれることが、よくあります。しかし、ラウレンシオ修士のこのことばを読めば、それは私たちの一人よがりであり錯覚にすぎないことが分かります。ときどき神に向けるちょっとしたまなざしやほほ笑みだけで、神は十分、お喜びになられるというのですから。どんなに忙しくても、ときどき天を仰いで神を賛美することができたら、私たちの心は、どんなに安らぐことでしょうか。彼は生涯の終わりの四十年間を、神との親しい沈黙の語らいの中で過ごしました。そんな中、ある日、信じがたいことが起きました。彼は神に手を取られて天国のすべての諸聖人と諸天使の前に連れて行かれたというのです。カルメル会の修道士で、フランス人。

151 岡山　英雄牧師

一九五四年〜

私たちひとりひとりには、それぞれに「走るべき道のり」（テモテへの手紙Ⅱ四章七節、新改訳）が、神によって与えられており、その道を忠実に走り抜いたかどうかが問われるのであって、走った距離や速さが他人と比較されるのではない。

『小羊の王国』より

新共同訳聖書では「決められた道（を走りとおし）」となっています。聖パウロはその後に続けて、「今や、義の栄冠を受けるばかりです」と確信に満ちたことばをつづっています。一方、この世の考え方は、何よりも良い「結果」を出すことが最大の目標となっています。そこでは「その道を忠実に走り抜いたかどうか」は、あまり問題とされません。しかし、私たちの信仰は、そのような結果主義、成果主義、効率主義とは無縁のものです。岡山牧師が語っているように、神の目から見れば「走った距離や速さ」ではなく、神のみ旨に沿って忠実に信仰の道を生きたかどうかが最終的に問われるのです。

152 カール・ヒルティ

一八三三〜一九〇九年

朝目が覚めると同時に、最初に意識される思想が何であるかは、非常に重要である。君はあらゆる偶然的原因をもちうる瞬間的「気分」にいつも身を委ねるか、それとも君の生活そのものの手綱をしっかりと掴みたいと思うか。

『眠られぬ夜のために』より

「最初に意識される思想」とは、何も思索的な事柄にかぎらず、単なる漠然とした考えをも含んでいるものとして理解したほうがよいかもしれません。私は若い頃、なかなか寝つけないと、決まってこの書をひもときました。すると、魔法のようにすっと眠りに落ちたことでした。ヒルティの著作はどれをとってみてもキリスト教精神に根ざした含蓄のあることばに満ちており、何度読んでも飽きがきません。久しぶりに改めて手に取ったら、こんなことばも見つかりました。

「仰ぎ見るひたむきな全心をこめた愛の眼差しは、確かに受ける側にとって、型にはまったどんなに美しい祈りよりも効果がある」。ヒルティはスイス人。

153 マックス・ピカート

一八八八〜一九六五年

神の沈黙は人間の沈黙とは異なっている。神の沈黙は言葉と対立してはいない。──神においては、言葉と沈黙とは一体なのである。言葉が人間の本質をなすものであるように、沈黙は神の本質である。

『沈黙の世界』より

〝沈黙〟の諸相をこれほど詳しく分析・考察してくれた人を知りません。私たちの世界は、あまりにも喧騒に満ち満ちていて、沈黙はもはや破壊されてしまったかのようです。ピカートは多くの人々が沈黙の充溢《じゅういつ》から言葉が生起してきたことをすっかり忘れ、饒舌《じょうぜつ》になりすぎていると言います。だからこそ私たちの会話は（祈りはなおさらのこと）、まず沈黙から始めなければならないのでしょう。その点についてピカートは本書で、キルケゴールが語った「現代世界の状態、いや、生活全体が病んでいるのだ。もしも私が医者であって、どうすればよいかと相談をうければ、私はこう答えるだろう……『沈黙を創れ！』」という文章を引用して、沈黙の重要性をくどいほどに説いています。ピカートはドイツの哲学者。

イエス・キリスト

――主よ、あなたは渇いておられます。

「……わたしはアルファであり、オメガである。初めであり、終わりである。渇いている者には、命の水の泉から価なしに飲ませよう」。

（ヨハネの黙示録21・6）

154 アーサー・タン神父

一九〇四〜二〇〇三年

わたしは、なにか悩みがあるときには、イエス様がおしずめになった海上のあらしのことを思うのが好きです。なんという荘重さ、なんという崇高さ、なんという平静でとりみださぬ落ちつきを、イエス様は示されながら、「黙せよ、静まれ」とおっしゃったことでしょう。

『光に向かった窓』より

この「嵐を静める」記事は、共観福音書（マタイ、マルコ、ルカの三つの福音書のこと）にそれぞれ描かれているとおりです。突然激しい嵐が巻き起こってきて、自分たちの乗っている舟が転覆しそうになったときの弟子たちの恐怖はどんなだったでしょうか。私たちもその場面に立ち会っていたならば、おそらく弟子たちと同じように、うろたえたに違いありません。弟子たちはイエスと共に舟に乗っているというのに、まだ神人イエスの力を信じていなかったのでした。「黙れ、静まれ」と命じられたイエスは、その後で優しく、「恐れるな」とも呼びかけています。アーサー・タン神父はアメリカ人。

155 ルイス・メンデイサーバル神父

一九二〇〜二〇一一年

私は罪においてさえ、イエス・キリストの愛の深さを経験しました。私がキリストを侮辱したその瞬間にも、キリストは私に関心をお持ちなのです。

『新しい展望』より

私たちはイエスに対してどんな忘恩・冒瀆《ぼうとく》の罪を犯したとしても、イエスは寛大な愛で包み、赦してくださいます。主はけっして私たちをお忘れになるような方ではないとメンデイサーバル神父は言います。でも考えてみれば、親が、大事に育ててきたわが子から侮蔑や非難の言葉を浴びせられたら、悲しまないわけはないでしょう。裏切られた思いで悲嘆に暮れ、心ひそかに涙を流すのではないでしょうか。メンデイサーバル神父は別の箇所でキリストの思いを代弁しながら、「罪人よ、考えてもみよ。お前が罪を犯すときキリストをむち打っているのだ。キリストが、息子よ、もうこれ以上打ってくれるなと泣きの涙でお前に言っているのだ……」とも付け加えています。メンデイサーバル神父はスペイン人。

156 クラレンス・エンツラー終身助祭

——一九一〇〜一九七六年

絶え間なくあなたの神に気付くことは、神の方向に「向けられている」状態、言わば、神のほうに向き、神に「波長を合わせている」状態である。

『神の現存のうちに』より

ここでは神の現存に気づくこと、ひいては神に一致することがテーマになっています。神の現存に気づくためには、自分の心が神の方向に向かっていなければなりません。ただし、それだけでは足りません。さらに「波長を合わせる」(チューニングする)ことが重要となります。ちょうどラジオを聴くときにダイヤルを回して周波数を合わせるように。けれども焦るあまり、やたらにダイヤルを回しては、肝心の周波数を合わせられないでしょう。エンツラーは別の箇所で「花がその顔をそっと太陽に向けて、光と熱を受けるように、あなたは自分の顔を静かに光と愛の神に向け、神があなたに注ぐ信仰の増加と神の現存の気付きの成長とを受けるべきである」とも述べています。

アメリカ人で社会学博士。

157 小林　有方司教

一九〇九〜一九九九年

愛する子よ！／片ときも忘れてはならないことがある。／それは／わたしが……おまえの中に生きているわたしが、／おまえのすべてを知っているということだ。／わたしは、おまえの、内も外も、全部見ている。『語りませ主よ』より

主語が神となった語りかけの形式となっています。けれども、これは小林司教が主から個人的な啓示を受けて書きとめたというわけではなく、あくまでも小聖堂における日々の瞑想の中で、心の奥底にささやきかけられたみ言葉を、そのつどメモしておいたものだそうです。主は私たちを監視してがんじがらめにしておこうという意図があるわけではなく、むしろ愛をもって目を注いでくださっているのです。「詩編」一三九章一〜四節に、「(主よ、……)、座るのも立つのも知り、遠くからわたしの計らいを悟っておられる。……わたしの舌がまだひと言も語らぬさきに、主よ、あなたはすべてを知っておられる」という聖句があります。神の目に私たちの心の動きや行いは、すべてお見通しなのです。

158 ブルノー・ビッテル神父

一八九八〜一九八七年

神はしばしば私たちに、恰《あたか》もこの世に存在し給わぬかのように沈黙しておられます。しかし、神はやはり存在し、神のこの沈黙は大きな雄弁とも言えます。

『ごミサと私』より

二十世紀以降、世界各地にはさまざまな紛争・対立が起き、世の中はますます混沌とした様相を呈してきています。とりわけ虐げられ迫害された人たちは、神は存在しないのか、なぜ沈黙しているのか、といった問いを投げかけざるをえない状況に追い込まれ、阿鼻叫喚《あびきようかん》の声を上げています。それに対してビッテル神父は、「この沈黙こそが神が存在していることの大きな証しだ」と語っています。静寂な神、沈黙しておられる神、隠れた神。しかし、いずれは、その時が来れば、神は沈黙を破ってみずからを顕現されることでしょう。その日を待ち望むために、私たちは「時のしるし」をよく読むことができるよう聖霊に祈らなければなりません。ビッテル神父はドイツ人で、宣教師として来日。

159 幼きイエスのマリー・エウジェンヌ修父

一八九四〜一九六七年

神は、たえず浸透し広がる愛である。手を水に浸せば、濡れないわけにはゆかず、火のなかに入れれば、火傷《やけど》せずにはすまないと同様、信仰によって神にふれれば、神の無限の豊かさを汲みとらずにはいられない。

『わたしたちの念祷』より

ここでエウジェンヌ修父は、群衆をおし分けてイエスに近づいた出血を患っている女性の例を念頭において語っていますが、イエスの服の房に触れれば、癒やしていただけるだろうという信仰をもって触れたとたん、彼女は長年の病気から完全に癒やされたのでした。「ヨハネの手紙一」一章一節に、「わたしたちが聞いたもの、目で見たもの、よく見て、手で触れたものを伝えます」という聖句があります。私たちは目や耳という感覚はよく用いるものの、「触れる」という感覚を使っての信仰には乏しいのではないでしょうか。エウジェンヌ修父はフランス人。リジューの聖テレジアを世に広めた人として著名で、「いのちの聖母会」の創立者。福者。

160 ルイザ・ピッカレータ

一八六五〜一九四七年

イエスは渇きに燃えておられます。その舌は荒れ、非常な渇きによって全てが一つの炎のようになっていると言うことができます。私もイエスのために、一つの炎のようであると言えるでしょうか？『我らの主のご受難の二十四時間』より

ピッカレータ女史は、主がご受難の最後のステージで叫ばれた「渇く」（ヨハネ19・28）について黙想し、主のみ心に自分の心を合わせつつ、右のようなことばを書きつづりました。もちろんイエスの渇きは生理的欲求としての渇きでもありましたが、それ以上に人類一人ひとりからの愛を乞い求めての渇きでもあったのです。そのためイエスの舌や唇はすっかり乾き切り、それでもなお人間に対する愛の渇きの炎で燃えていたのでした。彼女は、「主は私たちの愛のみならず意志、望みすべてに渇いている」と語っています。私たちが愛の炎に点火されるのはいつなのでしょうか。ピッカレータは八十二歳の生涯のうち、なんと六十四年以上を病床に伏したままイエスとともに生きたのでした。イタリア人で尊者。

161 エミリアン・タルディ神父

一九二八〜一九九九年

真の福音宣教者というものは、自分の個人的な証しと自分自身の救いの体験を提出できる人たち、そしてイエスが生きておられるということを証言できる人たちのことである。

『私はイエズスの証し人』より

「イエスが生きておられるということを証言できる人たち」というのは、復活したイエスとの人格的な出会いを身をもって体験した人という意味です。つまり、今、現に生けるイエスとの触れ合いを体験して永遠のいのちを得ているからこそ、他の人たちにそのいのちを分け与えることができるとタルディ神父は説きます。なぜならイエスは、自分の使徒たちに対して、難しい理論や思想を人々に教えるためではなく、見たこと聞いたことをありのままに証しするようにと励ましながら世に派遣したからです。では、福音宣教者は司祭などの聖職者に限られているのでしょうか。いや私たち信徒は誰でもイエスから信仰の光を頂いているかぎり、その使命を与えられているのです。タルディ神父はカナダ人。

162 セーレン・キルケゴール

一八一三〜一八五五年

福音書の語るとき、それは全ての人に向かって言います。我々人間について説くのではありませぬ。あなたについて、また私について言うのではなく、およそ我々に向かって、あなたに、私に向かって諭すのであります。

『愛について』より

長い文脈から切り離して、この部分のみ取り出しても、理解しにくいかもしれません。ここでキルケゴールが言わんとしているのは、福音書が語るイエスのことばは、抽象的に「人間について」、ないし「私について」あれこれと説いているのではないということです。そうではなくて、いま生けるキリストがじかに愛をもって人格をもって語りかけてきているのだから、私たちも人格的な交わりの中で福音を理解するように努めようということなのです。この書は、「あなたを忘れて、どうして正しく愛について語ることができましょう」という意味深い神への祈りの文章から始まっています。キルケゴールはデンマーク人で、哲学者・神学者。

163 エドワード・マッケンドリー・バウンズ牧師

一八三五〜一九一三年

イエスを愛すると、イエスと一緒にいたいという願いにかられる。イエスを愛すると、いつもイエスのことを考えるようになる。イエスを愛すると、イエスに従うようになる。

『天国』より

ここでは当たり前のことが当たり前のように語られています。つまりイエスを愛すると、「必然的に、イエスと一緒にいたくなる、いつもイエスのことを考えるようになる、イエスに従うようになる」というのです。考えてみると、これは恋に落ちた若者の思いと同じではないでしょうか。好きで好きでたまらない恋人ほど憧れ慕う対象はないでしょう。また教会の伝統的な教えとして〈イエスは私たちの花婿であり、私たち（教会も含む）はその花嫁〉という言い方もよくされます。結婚ともなれば、互いに良き伴侶として愛の契りを交わし、終生、相手に対する愛の忠誠を誓わなければなりません。ですから、私たちも、いつもイエスと一緒にいたいという願望を持ちつつ、イエスに忠実に従っていきたいものです。バウンズ牧師はアメリカ人。

164 ロス・アンデスの聖テレサ

一九〇〇～一九二〇年

イエス・キリスト、この愛の狂人は私を狂わせました。被造物に対して感謝することのできる心が、自分を養い、生命を与え、支えます。ご自身さえもすべて与えられる主に対して感謝しない人びとを見て、私は殉教のような苦しみを忍ばねばなりません。

『十九歳の聖女』より

彼女の本名はファニタ・フェルナンデス。十八歳のとき召命を感じてカルメル会修道院に入りました。修道院での生活はわずか一年余りで帰天しましたが、その間に日記や手紙などを残しました。修道院において彼女の魂は一気に引き上げられ、イエス・キリストのことを「私の愛の狂人」とすら呼ぶまでに至っています。母宛ての手紙の中では、「私はそのご像（聖母像）に向かって、いろいろとばかげたことを言いました。私は狂っているのですから。本当にひどく狂っているのですから。あなたの小さいテレサのために祈ってください。なぜなら、神に占領された狂人となったからです」とも書いています。彼女はチリ人。

十字架

――抱擁する形で手を差し伸べられるイエス・キリスト

イスラエルの全家は、はっきり知らなくてはなりません。あなたがたが十字架につけて殺したイエスを、神は主とし、またメシアとなさったのです。

（使徒言行録2・36）

165　松永　久次郎司教

一九三〇～二〇〇六年

キリストは十字架上で、両手を大きく広げ、すべてを受け入れて死んでゆきます。……十字架に釘づけされ、自由を奪われたことが、結局、全世界を抱擁する形をとらせました。何もできない姿が、結局すべてを包む形となりました。

『ロザリオのこころ』より

イエスが十字架上で両手を大きく広げてお亡くなりになったみじめな姿は、目を転じれば、実は全世界を、すべての人を抱擁するための姿だったとは……。これを読んで私は、マーガレット・F・パワーズ（松代恵美訳）の「あしあと」という詩を思い出しました。「……砂の上に二人の足跡が残されていた。一つは私の足跡、もう一つは主の足跡。人生の最後の光景が映し出され、ふと目を留めると、砂の上に一つの足跡しかなかった。私の人生でいちばんつらく、悲しいときだった。……主は答えられた。『わたしの大切な子よ。あなたが苦しみや試みの時に、足跡が一つだったとき、わたしがあなたを背負って歩いていたんだよ』」。松永司教は晩年、福岡教区長でした。

166 教皇ヨハネ二十三世

一八八一〜一九六三年

わたしの生涯の秘密？　十字架だよ。ごらん、主は全世界とすべての人をいつのときも抱くべく、十字架の上で腕をひろげていらっしゃる。だれひとり、主の愛から疎外される者はいない。それなら、このわたしも……。和を！　和を！

『和解への人――教皇ヨハネ二十三世小伝』より

引用したのは帰天の一週間前に語られたことばです。ヨハネ二十三世は生前、その飾らない態度と親しみやすさ、そしてユーモアのセンスで周囲の者を魅了していたと言いますが、病床におけるこのことばでも、その片鱗がうかがえるでしょう。教皇は、臨終当日、側近者のすすり泣くのを耳にして、「泣くな、いまこそ喜びのときだ」と逆に慰めのことばをかけたとも伝えられています。教皇は、『魂の日記』や『わが祈りの日々』などの名著を残しました。在位期間はわずか五年に満たなかったのですが、第二バチカン公会議を開催し、会議の終了を待たずに、この世を去りました。イタリア人で、二〇一四年に列聖。

167 ドナルド・シニア神父

一九四〇年～

〝passion〟は、ラテン語の〝patior〟からきており、「苦しむ」、「耐え忍ぶ」、「我慢する」などの意味がある。……しかし〝passion〟は、英語では別の意味合いももっている。それは、激しい情熱や感情、あるいは何かへの献身という意味にもなりうる。人々は「情熱をもって」（〝with a passion〟）何かをすることができる。

『マルコ福音書におけるイエスの受難』より

「パッション」（passion）と言えば、私たちは通常「情熱」という意味合いで理解しています。それが「受難」という意味も含まれているとは、なんと意義深いことでしょうか。イエスは身も心も魂もすべてをもって苦しみに耐え、激しい情熱を抱きながら父なる神にみずからをささげました。それも全人類の罪を贖い救うために。私たちもイエスにあやかり、たとえ自分の十字架が小さくとも、「情熱」をもってそれを担うことに努めれば、イエスは、さぞかしお喜びになられることでしょう。シニア神父はベルギー人。

168 コンセプシオン・カブレラ・デ・アルミダ

一八六二〜一九三七年

愛がある時、人にとっての苦しみは必要な食糧であり、軽蔑されるとは名誉なことです。恥辱は王冠であり、十字架の愚かさは宝です。

『祭壇の前でⅡ』より

信徒使徒職と呼ばれた前世紀の時代に、主は一人の主婦アルミダに対して「司祭であるキリスト」を仰ぎ見ながら生活をするようにとの霊的示しを与えられました。主への愛があれば、苦しみは必要な糧に、軽蔑は名誉に、恥辱は王冠に、十字架は宝に変容すると言います。これは聖パウロが語られた「十字架の言葉は、滅んでいく者にとっては愚かなものですが、わたしたち救われる者には神の力です」（一コリント1・18）の反映と言ってよいでしょう。キリストの教えの多くは、一見、無駄だとかマイナスだとか見える現象が、最終的には逆転して勝利を勝ち取るという約束になっていて、いわばパラドックス（逆説）に満ちています。霊的に貧しくなることが、誰よりも富む人になるというメッセージが、まさにそれでしょう。アルミダ夫人はメキシコ人。

十字架

169 ジャック・ゴティエ

一九五一年〜

神はわたしたちが苦しみをささげるのを待っているのではなく、苦しまれるキリストのようになることを待っておられるのです。神も苦しみを前にしたわたしたちのようだとわたしには思われます。すなわち無力で、傷つきやすく助けを必要としておられるのです。

『イエスの渇き』より

もちろん神が私たちのささげる苦しみを喜んでくれないはずはないと思います。しかし、ゴティエ神父によれば、神はそれ以上に私たちがキリストのように苦しまれることを望んでおられると言います。だいいちキリストみずからがご自分の強さを放棄して無力となり、一緒に苦しんでくださるのです。しかも、キリストはみすぼらしい姿で私たちの前に現れ、私たちからの助けを、そして愛を求められるのです。なんという謙遜に満ちたお方なのでしょうか。私たちも、そのようなキリストからの求めに応じて、やはり愛をもって応答していきたいものです。ゴティエはカナダ人。

170 ニノ・サルヴァネスキ

一八八六〜一九六八年

あなたの十字架がいちばん重いとお思いになってはなりません。すべての肩に十字架があり、すべての心にとげがささっているのです。

『若き日に老いし日に』より

耐えられないほどの悩みや苦しみに直面して八方塞がりの状態にあるとき、私たちは自分の十字架が誰よりも一番重いと感じるものです。しかも、この自分のつらさは誰にも理解してもらえないと考えて、他人からの慰めや助言には一切耳を傾けなくなることがあります。しかし、重い十字架を自分だけに担がせられていると考えることは、ある意味では傲慢心の現れではないでしょうか。では、果たして軽い十字架というものはあるのでしょうか。サルヴァネスキが「すべての肩に十字架があり、すべての心にとげがささっているのです」と述べているように、十字架は例外なく「すべての人」が担わなければならないものだと説いています。サルヴァネスキはイタリア人で、盲人の作家・詩人。

171 李《イ》 姫鎬《ヒホ》

一九二二年〜

きっと神はあなたを主の道具としてお使いになるため、火の中に入れてハンマーで叩いてお望みの道具にしていらっしゃるのです。

『茨の道の向こうに——獄中の夫へ、祈りの書簡』より

李姫鎬は、元韓国大統領金大中（一九二五〜二〇〇九年）の夫人。右のことばは夫が内乱陰謀容疑の罪で死刑の宣告を受け服役中、一年間余りにわたって毎日のようにせっせと書き送った手紙の中の一節です。別の手紙では、「あなたの苦難が大きければ大きいほど、これから受ける栄光は一層大きいものとして現れることを信じています。これは聖書でも約束してくださっていることです」と励ましています。この書簡のやりとりから約一年後の一九八二年十二月、獄中にあった金大中は、治療のために米国への出国が許されました。そして一九八五年に帰国。一九九七年、ついに念願の大統領となりました。こうして妻の長年の願いはかなえられたのでした。

172 井上　良雄

一九〇七～二〇〇三年

イエスが「我が軛《くびき》は易く、我が荷は軽ければなり」と語られたのは、私どもの闘いがどのように苦しくても、その闘いはすでに世に勝ち給うたイエス・キリストによって、勝利を約束された闘いであるからです。私どもはしたがって根本的に楽天的であることができます。この世のどのような楽天家たちよりも楽天的であることが許されるのです。

『大いなる招待』より

キリスト教は、これまでに〝奴隷の宗教〟などと揶揄《やゆ》されることがありました。おそらくそれは、贖罪としての十字架の意味が十分に理解されないまま、服従のイメージばかりが先行してしまったためでしょう。十字架は私たちにとって、たしかに苦しみであり悲しみです。けれども、それを乗り越えたあかつきには「復活」の栄光に輝いた勝利のイエス・キリストが私たちを待っていてくれているのです。だとしたら、井上が言うように私たちは皆、楽天家であり、悲観する必要はないのではないでしょうか。井上はバルト神学の研究者。私のドイツ語の恩師でした。

173 ロバートソン・マクルキン宣教師

一九二七～二〇一六年

日が沈んでゆきます、主よ。／私の人生は、後ろに長い陰を落としています。／長く過ごして来た年月の薄明かりの中に。／私は死を恐れません。恐るべき敵が勝ちを誇っても／私を永遠のいのちへと導くだけ。／あなたと共に歩んだ人生は汚れなく、また自由でした。

『すこやかな時も病める時も』より

歩んできた足跡を回顧しながら、つづられた祈りの詩の一つです。マクルキンはプロテスタント宣教師として来日、二十三年間にわたって宣教活動に従事しました。その後、アメリカに帰国。一九九〇年、アルツハイマー病にかかった夫人の介護のため、当時、コロンビア国際大学の学長職を辞めざるを得なくなりました。さらにそれに追い打ちをかけるようにして、またまた試練が襲いました。二年後の一九九二年、最愛の長男が、悲劇的な事故で急逝したのです。しかし、マクルキンは人生に翻弄され打ちのめされながらも、「あなたと共に歩んだ人生は汚れなく、また自由でした」ということばで結んでいます。

174 教皇フランシスコ

〜一九三六年〜

イエスの復活は、楽しいおとぎ話の幸せな結末ではありません。（中略）望みがすべて絶たれたかのように思われる時、多くの人が十字架から降りなければならないと感じるような苦しみの時こそが、まさに復活にもっとも近づいた時なのです。

『教皇フランシスコ講話集 2』より

フランシスコ教皇は、就任以来、アシジの聖フランシスコの精神を貫きながら、開かれた教会づくりのために東奔西走してこられました。右のことばは復活を待ち望む聖週間中でのメッセージで、十字架という苦しみを通過してこそ復活に近づく道だと教えています。つまり、それは人間的な希望が完全に断たれ、打ち砕かれたと思われるときに現れるのだというのです。十字架、苦しみ、試練、闇夜を通してこそ希望に満ちた復活の喜びにあずかれるというのは、おそらくこの世の精神に縛られている人々にとっては、何の意味ももたないことでしょう。しかし、私たちにとっては、なんと恵みに満ちた希望でしょうか。教皇はアルゼンチン人。

175 ジャン・イヴ・ルルー

一九五〇年〜

ある人々はイエスのお言葉を聞きますが、イエスの沈黙をあまり聞きません。聞きなさい。沈黙を守りなさい。沈黙が神のそばにあなたを置いてくれるでしょう。

『アトスからの言葉』より

このことばの後で、「イエスはお話しになる前に、三十年間も黙っておられたのです」と付け足しています。そう言われてみれば、私たちは通常、教会でイエスのみことばを聞き、帰宅してからまた時々、聖書を開くといった信仰生活を送ってはいるものの、〝イエスの沈黙〟のことばに耳を傾けることはあまりにも少ないように思います。だいいちイエスは公生活に入ってから、大仰な演説会を開催したわけでも、どんな学問的な思想を述べたわけでもなく、またみずから説教集を執筆したわけでもありません。もっぱら隠れた沈黙の生活の中から、紡ぎ出すような数々の救いのことばを民衆に語りかけることによって、歴史を大きく変えてくださったのでした。ルルーはフランス人。作家、哲学者、神学者。

聖　霊

——聖霊が私たちの住まいに宿る。

神の霊によって語る人は、だれも「イエスは神から見捨てられよ」とは言わないし、また、聖霊によらなければ、だれも「イエスは主である」とは言えないのです。

（一コリント12・3）

176 ペトロ・アルペ神父

一九〇七〜一九九一年

真理から遠く離れている人にとっては世の事は大きく見える。しかし明らかな聖霊の光に照らされると、過ぎゆくものはいかに低く短く意味のないものであるかを知ることができ、それはあたかも川波のごとくに立つと見えて、たちまちに消えてゆくものに他ならぬことを正しく悟るのである。

『キリストの道』第一巻より

『方丈記』の「淀みに浮かぶうたかた（水の泡）は、かつ消えかつ結びて、久しくとどまりたるためしなし」という名言が思い起こされます。聖霊の光に照らされて、ひとたび真理を会得した人にとって、世の中の事はたいしたことではないように見えてくるというのは真実なのでしょう。私たちは聖霊の照らしを受けることが少ないので、どうしてもこの世の事だけが重大事に思えて、それに振り回されてしまいがちです。なんと小さな世界でうごめいているあわれな存在なのでしょうか。アルペ神父はスペイン人で、元イエズス会総長、元上智大学教授。

177 シリル・ジョン

出生年など不詳

砂糖を紅茶の中に入れてみてください。私たちがスプーンでかき混ぜなければ、砂糖は溶け出さず、紅茶は甘くなりません。聖霊は私たちの中に注ぎ出されはしましたが、私たちがこの恵みを燃え立たせるときにのみ、私たちは変容させることができるのです。

『聖霊に駆り立てられて』より

ここでは砂糖の比喩を使って聖霊について説明しています。もちろん紅茶が入っているカップは私たち自身の器、つまり心であり魂です。聖霊は、イエスの弟子たちの時代にとどまらず、今でも私たちの上に降り注いでいることを私たちは少しも疑うことはできませんが、それを味わい深い香りを伴った甘い紅茶にするためには、まずはスプーンを使ってかき混ぜなければなりません。かき混ぜてこそ砂糖は溶けはじめるからです。聖霊の息が吹き込まれ一体化したとき、私たちは、その恵みによって初めて神の愛に燃え立つことができるのでしょう。ジョンは、カトリック聖霊刷新の国際的な信徒リーダー。

178 島本　要大司教

一九三二～二〇〇二年

信じて洗礼を受けた人を聖霊はご自分の神殿とし、その人のうちにお住まいになられる。そして、信ずる人に「神の子」の意識を深めさせてくださる。「神の霊によって導かれる者は皆、神の子なのです」（ローマ8・14）。『福音宣教』より

確かに私たちは洗礼を受けたときに、聖霊が自分の神殿の中に宿ってくださることを実感しました。そして「神の子」のメンバーとなったのです。と同時に聖霊の賜物を頂くという恩恵にも浴しました。ところが、私たちはせっかくその賜物を頂きながら、そのことをいつの間にか忘れて、感謝するという気持ちから遠のいてしまうことがあります。その点について、ある神父は、こう語っています。「いただいた聖霊の賜物をそのまま放っておく人は、部屋まで電気が来ているのに、電灯のスイッチをオンにしないで、暗い暗いとつぶやいている人に似ています」と。これはまことに残念なことです。聖霊の光がそこまで来ているというのに、気づかずに心のスイッチを入れることを怠っているからです。

179 アルマン・ドモンティニ神父

一九一四〜二〇一二年

聖霊は、あなたを霊的生活において大きく成長するよう、お導きになりたいのです。それを疑ってはいけません。聖霊は、あなたが絶えず愛に成長するように望まれます。聖霊はあなたを成聖に導かれたいのです!

『心の甘美な客——聖霊についての黙想』より

私は、これまで聖霊について、これほど詳細かつ緻密に考察した信心書に接したことはありません。ドモンティィニ神父は、特に聖霊が私たちのところにおいでになるとき、必ず愛をもたらしてくださるということを強調しています。なぜなら、愛は聖霊ご自身でもあるからです。しかも、聖霊は「御子に対する御父の愛であると同時に御父に対する御子の愛」でもあるというのです。ここに三位一体の愛の交わりの神秘があります。私たちも聖霊によって聖化され、その愛の大海原に泳いで行けるチャンスが与えられないものでしょうか。ドモンティィニ神父はカナダから来日して、全国各地の教会での司牧に務められ、九十七歳で帰天。

聖母マリア　1

――ごきげんよう　ああ海の星よ

そこで、マリアは言った。

「わたしの魂は主をあがめ、わたしの霊は救い主である神を喜びたたえます」。

（ルカ1・46～47）

180 著者名不詳

紀元一〇〇〇年以前

ごきげんよう　ああ海の星よ／輝かしい神の御母よ／ああ神聖なるおとめマリア／ああ天にひらかれた扉よ

『聖母讃歌』より

これは「アヴェ・マリス・ステルラ」の賛美歌と言われるマリア賛歌の中の冒頭の一節で、ここでは人生の困難な航海における導きの星としてうたわれています。その導きの星とは聖母マリアのことで、「海の星」とも名づけられています。日本語では、なぜか「海」という漢字の中に「母」という文字も入っていて、しかも「母」という文字の中には、よく見ると二つの小さな点が、まるで涙のしずくのように混じっているのです。「悲しみの聖母」を言い表しているかのように。しかし、聖母マリアは、私たちにとって偉大なる「神の御母」（テオトコス）でもあります。末尾は「安らかな日々をさずけたまえ／天国で喜びつつ御子に／お会いするまではわたしたちの／進む道を守って下さい」という願いで結んでいます。この旋律は聖ベルナルドの聖母賛歌を彷彿《ほうふつ》とさせます。

181 エ・ヌーベール神父

出生年など不詳

マリアを離れて成功なく、マリアと共にして失敗なし。『聖母の闘士』より

ここでの成功、失敗という言葉は、もちろんこの世的な意味合いで使われているわけではありません。また「マリアと共にして失敗なし」と言われていますが、私たちは人生の途上につきまとう、さまざまな過ちや失敗や挫折からまぬがれることはできませんから、ヌーベール神父は単に「聖母マリアと一緒であれば、そのようなことから何もかも避けられますよ」と一時的な気休めを言っているわけではないことは言うまでもないでしょう。ここで言われているのは「聖母にしっかりと固く結びついて片ときも離れないならば」という条件つきで、「取り返しのつかないような大きな失敗からは守られる」ということを言いたかったのだと思います。そのためには、この本のタイトルのように、私たちは〝信仰の闘士〟として私たちを誘惑に陥れようとする敵と敢然として立ち向かっていく必要があるように思います。聖コルベは〝聖母の騎士〟という言葉をよく用いました。

182 ジョセフ・シェルホルン神父

出生年など不詳

マリアは、その天与の使命、すなわち悪魔の勢力を打ち砕き、キリストの御国を建設すべき使命を、着々と実行しつつあるもののようである。その摂理的理由は、現代が他のいかなる時代にもまして、最もキリスト教国として知られた国においてさえ、地獄の勝利の世紀であるかのような状態を呈しているからである。

『提要　マリア学』より

過去の歴史をひもとくと、過去の一世紀（二十世紀）ほど混乱と激動に満ちた時代はなかったと言えましょう。二十一世紀に入ってもその様相は変わらず、かえって世界の暗闇はいよいよ深くなってきているようにうかがえます。しかし、シェルホルン神父は、まさにそのような時代状況だからこそ「われらの現代人の間に、難破しかかっている信仰の船を救助すべき、輝かしい使命は、マリアに授けられているのです」と述べて、「マリアの勝利が近い」ことをさまざまな神学的な根拠を用いながら解説しています。

183 朝山 宗路神父

一九三三～二〇一七年

マリアのすばらしさ、それは、マリアがイエスを胎内に宿し、育て上げた肉体的な特権にのみあるのではない。「むしろ、それ以上に」マリアが神のみ言葉を聞き、それを信じ守り通したからである。「むしろ、幸いなのは」ひたすらに神を求め、そのみ言葉を信じたマリアである。

『マリアの素描』より

これには以下のような前段の脈絡があります。「(イエスに対して)ある女が群衆の中から声高らかに言った。『なんと幸いなことでしょう、あなたを宿した胎、あなたが吸った乳房は』」(ルカ11・27)。この女性の心にはマリアに対する憧れと同時に妬みの心も入っていたのかもしれません。それはこの女性に限ったことではないでしょう。イエスはそのような思いを見抜いて、そのように考えることをきっぱりと退けています。私たちも、そのマリアに倣って「み言葉を信じるマリア」のようになり、幸いな者と呼ばれたいものです。

184 池田　敏雄神父

一九二八年〜

（聖母の）みこころそれ自体は全能である神の傑作であります。「すべての人の心をつくられた」（詩編33・15）神は、聖母マリアのみこころをつくるときにその全知と全善とを傾け尽くされました。

『聖母による人間の救い』より

詩編でうたわれているように、神は私たち人類一人ひとりの心を、出生に合わせて、それこそ丁寧に創ってくださったに違いありません。けれども神の母である聖母マリアのみ心は、私たちの心とは比べものにならないほど傑出しています。なぜなら一点の汚れもない清いみ心だからです。したがって池田神父が別の箇所で説明されているように、この汚れないみ心の聖母は、「大空よりも清く広く、水晶よりも太陽よりも美しく、物欲に傾く心配もなく、胸を騒がし、心を乱す汚れた考えや想像などはつゆほども知らない」すべてのものから離脱した存在なのです。そのような聖母の汚れないみ心の神殿に私たちも入らせていただきましょう。そして、そのみ心に私たちのすべてを奉献したいと思います。

185　G・M・ガレ神父

出生年など不詳

聖母は、神の恩恵の「出納係」であり「仲介者」でいらっしゃる。聖母は、神の恩恵を、お望みの人に、お望みの時に、お望みのごとく、お望みの程度に、お与えになるのである。

『これ汝の母なり』より

聖母が「恵みの分配者」であられることはよく知られていることです。聖母は御子キリストから全面的に信頼を勝ちとられている神との間の仲介者ですから、神からの恵みを分配することを任されているのです。ガレ神父は、聖母はまた、「出納係」だとも言います。「出納係」とは家庭で言うところの主婦のような存在で、一切の金銭管理を委ねられていると言ってよいでしょう。ですから、聖母はいちいち神の許可を求めなくても、自由にその金銭の出し入れができるという特権が与えられています。これはある意味では驚くべきことです。また、御子キリストに直接申し上げにくいことがあれば、聖母マリアを介して依頼できるというのは、信者にとってなんとありがたいことでしょうか。

186 ジュリオ・マンガネリ神父

出生年など不詳

聖母のみ心ほど恩寵に満ちあふれたものがあるでしょうか！　女性として聖母は生命と愛熱に充満しています。それなのに、どうして聖母の心が貧しいなどといえるのでしょうか？

『教会の母マリア』より

「心が貧しい」とは、一体どういうことを意味しているのでしょうか。これに対する回答は、イエスが山上の説教で語られた「心の貧しい人々は、幸いである」（マタイ5・3。ルカ福音書6・20では単に「貧しい人々は、幸いである」となっている）に見ることができます。この世の価値基準では「心が貧しい」ということは、よく耕されていない荒れ果てた心というような意味合いでとらえられているようですが、イエスとマリアが教える「心の貧しさ」とは、自己中心、物質中心の考え方を否定してそこから離脱し、自分のものを何一つ持たずに神のみに占有していただくことを願う心のありようを、そう呼んでいます。聖母のマニフィカトは、まさにその現れではないでしょうか。

187 マリ・テヤス司教

一八九四～一九七七年

ある人たちは言います。マリアは無用な仲介者だ。神の御前における仲介者はキリストひとりだけで足りると。しかし、歴史は何を教えていますか。聖母崇敬を捨てた人たちの多くが、イエス・キリストの神性まで否定するにいたったという事実です。

『それでも聖母は信じた』より

テヤス司教が言われるように、昨今でも「神の御前における仲介者はキリストお一人だけで十分だ」という声をときどき耳にすることがあります。これまで多くの聖人が例外なく「聖母マリアをとおしてイエスへ」という熱い信仰をもって生涯を送られたのは、単なる幻影だったのでしょうか。教皇パウロ六世は『マリアーリス・クルトゥス――聖マリアへの信心について』という勧告の中で、「マリアへの信心は、神の民において彼女が有している使命を彼女が占めている特別な位置を思いおこさせてくれます」と書いて、聖母をほめたたえています。テヤス司教はフランス人。ルルドの聖母出現百年祭の実行委員長でした。

188 永井 隆

一九〇八～一九五一年

私達はこうして聖母マリアの石膏像を見つめて祈りをしますが、この石膏像に祈りをするのではなくして、この御像は、いわば私の心を天国の焦点に結ばせる一つのレンズの役をするにすぎません。

『原子野録音』より

私たちカトリック信者は、とりわけ聖母マリア像を大事にしています。どの教会にも例外なくマリア像が置かれていますから、私たちはごミサにあずかるたび、頭を下げてマリアに取り次ぎの祈りをささげることができます。永井はプロテスタントの信者から、「全知全能の神でない一人の女になぜ、お祈りするのですか」と問いかけられて、昂然と答えたのが右のことばでした。聖母マリア像を単なる信仰の模範としてだけではなく「私の心を天国の焦点に結ばせる一つのレンズの役」としているところに、永井の謙虚な信仰の姿勢をうかがい知ることができます。したがって、永井は聖母マリアに祈る場合、「マリアさま、私たちのためにお祈りください」と、終始その取り次ぎを願うことに徹したのでした。

聖母マリア　2

——すべての恵みの仲介者

イエスは、母とそのそばにいる愛する弟子とを見て、母に、「婦人よ、御覧なさい。あなたの子です」と言われた。それから弟子に言われた。「見なさい。あなたの母です」。そのときから、この弟子はイエスの母を自分の家に引き取った。

（ヨハネ19・26〜27）

189 マテオ神父

一八七五〜一九六〇年

カルワリオの悲しみの聖母に従いなさい。なぜなら、あなたは、二十世紀まで長びいているもう一つのご受難に、聖母とともに立ちあうからである。……心を剣でさし貫かれておられるその聖母の悲しみに加わりなさい。

『夜の聖時間』より

ロザリオの祈りの第二環は、通常「苦しみの神秘」とか「苦しみの玄義」などと呼ばれています。ところが、ある本を繰っていましたら、第二環は「悲しみの神秘」でもあるということが書かれてありました。イエスの十字架上の苦しみを黙想しながらロザリオをつまぐることは、同時にその傍らにおられる聖母マリアの悲しみに心を合わせることでもあったのです。マテオ神父は「イエスのご受難と聖母の悲しみは今もなお続いている」と言っています。そのような解説を読むうちに、私は十三世紀に作られた「スタバト・マーテル」(悲しみの聖母)という心打つ聖歌を思い出しました。マテオ神父はペルー人。

190 フィリッパール神父

出生年など不詳

（聖母は）その人が素直な魂の持ち主であるならば、かれに、苦しみのねうちがどんなに偉大なものであるかを啓示して、あくまでも苦しみ抜かせ、そのようにしてかれを、人々の霊魂の救いに協力させるのであります。

『聖マリアの御像はいづこに』より

私たちは苦しみや痛みなどの価値がどんなに素晴らしいものか、よく理解していません。フィリッパール神父が語っている右のことばは、イエスが〝山上の説教〟で告げられた、「心の清い人々は幸いである、その人たちは神を見る」のこだまとも言えるでしょう。心が清く素直な人に対して主は苦しみの意味を解き明かされ、その苦しみを犠牲としてささげさせ、罪に陥っている大勢の霊魂を救おうと計画されているのです。けれども、私たちは、苦しみや悩みや痛みの値打ちに気づくこともなく、なんと簡単に脇に追いやってしまっていることでしょうか。フィリッパール神父はベルギー人。

191 ガブリエレ・マリア・ロスキーニ神父
一九〇〇〜一九七七年

神のみ旨とみ心のうちで、聖母マリアは全宇宙の中で最初の純粋な被造物だった。およそ神がお創りになろうとしたすべての人間や物の中で、神はまず、聖母のことを最初にお考えになられた。

『聖母マリア 上』より

聖母マリアは「全宇宙の中で最初の純粋な被造物だった」と言われると、どなたから「創世記にはそのようなことは書いていないではないか」と反発されそうです。しかし、聖母は神人イエスを胎内に宿らせ、その生涯を共にされたお方なのですから、神が地球をお造りになられる以前から、まずは聖母マリアを創造の第一番目にご計画されたことは、少しも疑う余地はありません。ですから、どれほど聖母をほめたたえてもたたえすぎるということはないでしょう。その意味では、ロスキーニ神父が書いているように、聖母は「御父の二番目の子ども」、（つまりイエスに次いで）と言っても、あながちオーバーではないように思います。ロスキーニ神父はイタリア人。

192 ハインリヒ・デュモリン神父

一九〇五～一九九五年

聖マリアは「恵みにみちみちて」いる。あらゆる恵みを豊かにもっている。個々の聖人に別々に与えられている恵みのすべてを、しかもそれらよりもはるかに豊かに聖マリアはもっている。それゆえに恵みは聖母から全人類に流れてくるのである。

『美しき愛の御母』より

「恵みの分配者」としての聖母の使命が、ここでは高らかに述べられています。本来ならば、キリスト以外の何者も恵みの権限を持っていないはずなのに、神はご自分の意思で例外的に救いのすべての成果が聖母マリアの手を通して人類に注がれることを定められました。その意味では聖母は、すべての恵みの仲介者と言ってもよいでしょう。聖グリニヨン・ド・モンフォールは、「マリアこそは、イエスが、ゆたかに、そして甘美に、御自分の慈悲を通らせようとなさる運河であり、水道である。……聖なる処女の御手を通らないで、人間にくだる天の賜物はないのである」と述べています。

デュモリン神父はドイツ人。元上智大学名誉教授。

193 エーデル・クイン宣教師

一九〇七～一九四四年

私たちは、物事を眺める私たちの自然的なやり方を打ち捨てなければなりません。そして、あらゆることとの中に……聖母の物の見方、考え方を、あらゆることに取り入れ、私たちの自然的傾きにより、自分自身が支配されないようにいたしましょう。

『エーデル・クイン伝』より

クイン女史は「レジオ・マリエ（※）の鑑」と言われた人です。私たちは、聖母のように考え、聖母のように話し、聖母のように行い、聖母のように愛することができたら、どんなにかキリストに似たものとなることができるでしょう。〝自然的傾き〟とは、この世への執着や特定の人間に対する愛着と言ったらよいでしょうか。クイン女史はアイルランドで生まれ、宣教地中部アフリカのナイロビで、病を得て天に召されました。

※「レジオ・マリエ」とは、生涯をキリストと共に生きぬかれた聖母マリアをその模範とし、共に祈りと活動をささげ、御父のみ心を果たすべく努めている信徒たちの集まりのことです。

194 ヴィンチェンツォ・チマッティ神父

一八七九〜一九六五年

十二月八日は、無原罪の聖母マリアの祝日である。この祝日は、次に来る、ご降誕祭の大祝日への準備の日とも言える。〝明けの星〟とも呼ばれる聖母は、正義の太陽であるイエス・キリストが近いうちにおいでになることをお示しになっている。

『チマッチ師今なお語る』より

何の変哲もない記述です。ですが、子細に読むとチマッティ神父はここで私たちに重要な教えを伝えようとしていることが分かります。それは、聖母マリアの登場は、間近にイエス・キリストの到来を明示しているのだという点です。黙示録十二章一節に「天に大きなしるしが現れた。一人の女が身に太陽をまとい、月を足の下にし、頭には十二の星の冠をかぶっていた」という記述があります。「一人の女」とは聖母マリアのことであり、「太陽」とはイエス・キリストを指していることは言うまでもありません。チマッティ神父はイタリアから来日。一九九一年に尊者となりました。

195 聖リカルド・パンプーリ

一八九七〜一九三〇年

イエスとマリア、これこそ、天と地との最も輝かしい二つの宝石、神の傑作です。この二人のうちにこそ、わたしたちの善のすべて、そしてわたしたちの今と永遠の幸せの泉、その要約があります。

『希望の光線』より

パンプーリは霊的日記と手紙などを残し、わずか三十三歳の若さで帰天しています。ここに掲げたのは、シスターであった実姉にしたためた手紙の一部で、いかにパンプーリがイエスとマリアへの愛に燃えていたかが分かります。もちろん、イエスはこの世においては人性をまとわれた崇拝の対象としての神そのものですから、マリアをイエスと同等に考えることはできませんが、にもかかわらずイエスの生みの母であり、罪や汚れから免れていた無原罪の聖母は、私たちにとって傑出した存在であることは言うまでもありません。しかも、カトリック教会では伝統的にイエスとマリアの二つの名を並べて祈り続けてきました。また、「マリアを通してイエスへ」は、今でも普遍の真理です。パンプーリ神父はイタリア人。

196 イマキュレー・イリバギザ

一九七二年〜

真心をもってロザリオを祈れば、望むかぎりのことすべてに手が届くようになり、祈りのすぐ向こうに幸せはあります。

『薔薇の祈り』より

一九九四年、イリバギザが住んでいたアフリカ・ルワンダでフツ族によるツチ族に対する大虐殺が始まりました。当時、女子大生だったツチ族のイリバギザは、牧師の家の小さなトイレに七人の女性たちと三カ月の間、かくまわれ、奇跡的に殺戮《さつりく》を逃れたのです。槍や大鉈《なた》を手にして自分たちを捜しまわる声が、壁一枚を隔てて聞こえてきます。想像を絶する状況の中で彼女の命綱となったのは、「ロザリオの祈り」でした。こうも書いています。「ロザリオにはとてつもない力があって、世界を変え、悪を打ち負かすことができます。……ロザリオの祈りがなかったら、私は今日という日を迎えられませんでした。文字どおり、命を救われたのです」。その辺の消息やその後の体験については、彼女の『生かされて』や『ゆるしへの道』という著書に詳しく述べられています。現在、アメリカに在住。

殉　教

――殉教者の血は教会の種

人々が石を投げつけている間、ステファノは主に呼びかけて、「主イエスよ、わたしの霊をお受けください」と言った。それから、ひざまずいて、「主よ、この罪を彼らに負わせないでください」と大声で叫んだ。

（使徒言行録7・59〜60）

197 アンチオケの聖イグナチオ

二四年頃〜一〇七年

私を野獣に与えて下さい。私は野獣に殺されて神の許《もと》に至ることが出来るのですから。私は神の小麦です。私は野獣の牙にかみ砕かれてキリストの清きパンとなるのです。

『声なき賛美』より

イグナチオは、聖ヨハネ使徒福音記者の弟子であったと言われています。四十年間、アンチオケの司教でしたが、迫害に遭って競技場で殉教しました。右のことばは、捕縛されてからしたためた七通のローマ人への書簡のうちの一通で（いずれも現存）、「燔祭」への強い憧れが読みとれます。このようなことばを目にすると、私たちはいざキリスト教迫害が始まったら、果たして殉教覚悟で公然と殉教の列に加われるだろうかと不安になり、脅えが先立ってしまうでしょう。平和ボケした今の時代だからこそ、殉教は身近なものとして感じられないのです。イグナチオから少し遅れて生まれた神学者テルトゥリアヌスは、後に「殉教者の血は教会の種」と述べて、彼のその信仰の勇気をたたえています。

198 聖キプリアヌス

二〇〇年頃～二五八年

まずさきに主が苦難を甘受されたのに、そのしもべであるキリスト者が苦しみを拒絶するならば、その信者はどれほど重い罪を犯すことになるでしょうか。

『偉大なる忍耐・書簡抄』より

チバリスの民に送った手紙の一節です。当時、キプリアヌスはカルタゴの司教でした。ちょうど新たな迫害の嵐が襲ってくる直前の時期で、この手紙にはその筆遣いの中に殉教を覚悟した彼の精神のほとばしりが随所に見られます。この後の箇所で、「親愛なる兄弟たちよ。あなたがたはだれも、将来の迫害や迫り来る反キリストの到来を恐れてはなりません。かえって福音の勧告やおきてや天上の忠告で武装し、あらゆるものといつでも戦えるようにしていなければなりません」ということばもつづっています。彼は紀元二五八年、カルタゴの近郊で、斬首による殉教を遂げました。「神に感謝いたします」が最後のことばだったと言います。聖キプリアヌスは北アフリカの今でいうチュニジア出身。

199 中浦ジュリアン

一五六八年頃〜一六三三年

われこそは、ローマにおもむいたジュリアンである。　『天正の少年使節』より

中浦ジュリアンという名前には、あまりなじみのない人が多いかもしれません。戦国末期、大友宗麟らの名代となり天正遣欧使節として他の三人の少年たち（伊東マンショ、千々石《ちぢわ》ミゲル、原マルチノ）と共にローマへと船出した勇敢なキリシタンの一人です。出帆したとき、ジュリアンとマンショの二人は十四歳、ミゲルとマルチノはわずか十二歳でした。ローマに着いたとき、彼らは大歓迎を受け、グレゴリオ十三世教皇との謁見の名誉に浴しています。そして八年後に帰国したのでした。ところで、肝心の冒頭のことばですが、これはバテレン（神父）として布教に専念していた中浦ジュリアンがついに捕らえられ、逆吊り刑に処せられて改宗を迫られたときに叫んだことばだと言われています。しかし、彼はひるむことなく最後まで信仰を貫きとおし、殉教という壮烈な最後を遂げたのでした。二〇〇八年に福者の列に加えられています。

200 アルフォンス・ヴァクスマン神父

一八九六～一九四四年

今、断頭台の狭い門をぬけて、みもとに帰っていきます。父も母も待っていて下さることを信じて……。愛するミンカ、全能なる神、父と子と聖霊の祝福が豊かにありますよう。天国で再びあう日まで。

『反ナチ抵抗者の獄中書簡』より

ヴァクスマン神父は、軍隊の士気を弱めたというかどにより、ブランデンブルクのゲールデンで処刑され、命を断たれました。「愛するミンカ」とは実妹のことで、ヴァクスマン神父は彼女宛てに何通かの手紙をしたため、これが最後の手紙となりました。この中に「この身をいっさい余すところなく、神にささげます。み手のうちに守られています。聖なるみ心もてキリストはわたしを父のみもとにつれゆき、母なるマリアに守られ、聖ヨハネがつきそってくださると思います」という潔《いさぎよ》い文章も見られます。本書は、ナチスに対する抵抗運動に身を投じた人々が死を前にしてつづった決別の手紙集であり、涙なくしては読めません。ヴァクスマン神父はドイツ人。

引用文献

信仰 1

ヘンリ・ナウエン：『待ち望むということ』工藤信夫訳、あめんどう、二〇〇七年、17頁。
シモーヌ・ヴェイユ：『重力と恩寵』田辺保訳、筑摩書房（ちくま学芸文庫）一九七四年、239頁。
ラニエロ・カンタラメッサ神父：『キリストにおける生活』庄司篤訳、サンパウロ、二〇〇四年、105頁。
内村鑑三：『一日一生』角川書店（角川文庫）、一九六九年、12頁。
ジェームズ・ハヤット神父：「心のともし火」運動本部。
ヘレン・ケラー：『わたしの宗教』島田四郎訳、新教会、一九五三年、28頁。
桜井彦孝神父：『母の遺言』女子パウロ会、二〇〇六年、134〜135頁。

信仰 2

ペトロ・ボン・エッセン神父：『愛されて愛する』サンパウロ（アルバ文庫）一九九八年、86頁。
ホイヴェルス神父『ホイヴェルス神父のことば』弘文堂、一九八六年、127頁。
尻枝正行神父『愛の奇蹟――バチカンの小窓より33通の手紙』海竜社、一九八八年、100頁。
酒枝義旗：『酒枝義旗著作集 第九巻 信仰所感』キリスト教図書出版社、一九八〇年、19頁。
ヘルマス：『ヘルマスの牧者』佐藤清太郎訳、中央出版社＝現サンパウロ、一九六七年、85頁。
A・M・ロゲ神父：『秘跡とは何か』ドン・ボスコ社、一九六三年、153頁。
J・ミシェル神父：『罪とゆるし』（カトリック全書51）ドン・ボスコ社、一九六〇年、187頁。

教皇ピオ十二世：『回章　メディアトル・デイ』あかし書房、一九七〇年、154頁。
著者不詳：『ディオゲネストスへ』中央出版社＝現サンパウロ（中央ライブラリー）、一九六五年、47頁。
椎名麟三：『私の聖書物語』中央公論社（中公文庫）、一九七三年、153頁。

信仰 3

ジョセフ・シュリーヴェルス：『私のおん母』A・デル・コール訳、ドン・ボスコ社（修徳文庫）、一九六二年、89頁。
望月　光：『サタンについて　救いについて』天使館、二〇一一年、75頁。
著者不詳の一修士：『謙遜の栞』ドン・ボスコ社、一九四〇年、1頁。
東方教会の一修道士：『JESUS（イエス）』福岡女子カルメル会訳、聖母の騎士社（聖母文庫）、二〇〇七年、104頁。
荒野の一師父：『荒野の師父らのことば』G・ヴァンヌッチ編・須賀敦子訳、中央出版社＝現サンパウロ、一九八九年、161頁。
佐藤初女：『おむすびの祈り』集英社（集英文庫）、二〇〇七年、123頁。
渡辺和子：『置かれた場所で咲きなさい』幻冬舎、二〇一二年、29頁。
三浦功神父：『生と死の彼岸にあるもの』サンパウロ、二〇〇五年、220頁。
アレキシス・カレル：『ルルドの旅』稲垣良典訳、エンデルレ書店、一九八一年、71頁。
ウィリアム・ドイル神父：『成聖の秘訣』山本愛子訳、ドン・ボスコ社、一九五〇年、37頁。

天国と永遠の生命

里脇浅次郎枢機卿：『カトリックの終末論』聖母の騎士社（聖母文庫）、一九九三年、45頁。

ニュッサの聖グレゴリウス：『古典の祈り』G・マッキャヴェッリ／D・ビアンコ監修・佐藤三夫訳、中央出版社＝現サンパウロ、一九七九年、140頁。
教皇レオ十三世：『レールム・ノヴァルム（労働者の境遇）』岳野慶作訳、中央出版社＝現サンパウロ、一九七六年、64頁。
ペトロ・ネメシェギ神父：『キリスト教とは何か』女子パウロ会、一九九三年、77〜78頁。
下山正義神父：『荒野に叫ぶ声』本所カトリック教会刊、一九六四年、249頁。
ゼノ・ゼブロフスキー修道士：『ゼノ死ぬひまない』松居桃樓著、春秋社、一九九八年、251頁。
島　秋人：島秋人書簡集『空と祈り』前坂和子編著、東京美術、一九九七年、191頁。
ラウール・プリュス神父：『ミサ聖祭』小田部胤明・上野和子共訳、ドン・ボスコ社（修徳文庫）、一九六二年、250頁。

祈り

フェデリコ・バルバロ神父：『愛を求める心』講談社、一九六七年、64頁。
プラチド・イバニエス神父：『祈りの道』中央出版社＝現サンパウロ、一九八三年、113頁。
アグネルス・コワルツ神父：『天の鍵』公教会青年会、一九二三年、32頁。
ピーター・フォーサイス牧師：『祈りの精神』斉藤剛毅訳、ヨルダン社、一九七七年、21頁。
アドルフ・プティー司教：『船路』窪田扶美子訳、光明社、一九五四年、72頁。
ピエール・シャルル神父：『聖霊の小徑』犬養道子訳、エンデルレ書店、一九四八年、65頁。
エミール・ヌーベール神父：『わが理想』岳野慶作訳、中央出版社＝現サンパウロ、一九九四年、219頁。
パブロ・グスマン神父：『火の祈り――現代の念祷』E・マグダレナ著、小坂澄夫・糸永寅一共訳、中央出版社＝現サンパウロ、一九七三年、200頁。

ヘンリー・ブレンナー：『日々を楽しく』松浦春海訳、聖パウロ女子修道会（ユニヴァーサル文庫）、一九六九年、94頁。
土屋茂明神父：『よろこびの人』ドン・ボスコ社、一九八六年、25頁。
石村武治牧師：『第三の天』キリスト新聞社、一九八二年、156頁。
ベネディクト十六世教皇：『回勅　希望による救い』カトリック中央協議会、二〇〇八年、67頁。
ジム・シンバラ牧師：『神よ。私の心に聖霊の火をともしてください』須賀真理子訳、新生宣教団、二〇〇二年、118頁。

罪

1

ボイラン神父：『すさまじき愛』中央出版社＝現サンパウロ、一九四五年、195〜196頁。
オリゲネス教父：『雅歌注解・講話』小高毅訳、創文社、一九八二年、205頁。
ガブリエル神父：『神との親しさ（3）心の浄化』伊達カルメル会訳、二〇〇三年、152頁。
ダグ・ハマーショルド：『道しるべ』鵜飼信成訳、みすず書房、一九七四年、103頁。
トッ・ティハメル司教：『純潔』A・デル・コール、ドン・ボスコ社、一九五八年、62〜63頁。
フルトン・シーン大司教：『神の審判』大澤章訳、春光社、一九四九年、21頁。
エミリアン・ミルサン神父：『改訂版　霊的生活入門（4）一致の道』ドン・ボスコ社、一九七八年、34頁。
マイスター・エックハルト：『神の慰めの書』相原信作訳、講談社（講談社学術文庫）、一九九五年、39頁。
加賀乙彦：『悪魔のささやき』集英社（集英社文庫）、二〇〇六年、129頁。

罪 2

グラント枢機卿:『主の祈り』山下房三郎訳、中央出版社=現サンパウロ、一九六五年、327頁。
山形謙二:『隠されたる神——苦難の意味』キリスト新聞社、二〇〇八年、27頁。
マリア・ワルトルタ:『イエズスに出会った人々(三)』フェデリコ・バルバロ訳編、あかし書房、二〇〇六年、88~89頁。
堀 肇牧師:『聖書のにんげん模様』マナブックス、二〇〇九年、184頁。
アレキサンドリーナ・マリア・ダ・コスタ:『イエズスのご受難』ウムベルト M・パスクワレ神父編/A・デルコル神父訳、ドン・ボスコ社、一九七九年、279頁。
ダニエル・コンシダイン神父:『はげましのことば』吉川浩一郎訳、中央出版社=現サンパウロ、一九六四年、12頁。
修道者シルワン:『シルワンの手記』エドワード・ジョブストフスキ訳、あかし書房、一九八二年、105頁。
ステファノ・デランジェラ神父:『修徳生活入門』ドン・ボスコ社(修徳文庫)、一九六二年、107頁。
W・モースト神父『神の母』J・ウィーゼン訳、ドン・ボスコ社(修徳文庫)、一九六二年、162頁。

悔い改めと救い

教皇パウロ六世:『ガウデーテ・イン・ドミノ——喜びの源に立ち返れ——』聖心会訳、中央出版社=現サンパウロ、一九七五年、14頁。
G・トマゼッリ神父:『まことの愛』金子賢之介訳、ドン・ボスコ社、一九六一年、170頁。
エドゥアルド・ライヒガウエル神父:『キリストの神秘体』光明社、一九六八年、12頁。
新井延和神父:「テレジアの涙」(『カルメル会 二〇一二年六月特別号 四旬節講話』に所収)、

3頁。
溝部脩司教：『朝の光の中に――溝部司教の説教より』ドン・ボスコ社、二〇〇三年、198頁。
オリビエ・ド・ロ神父：『ある明治の福祉像――ド・ロ神父の生涯』片岡弥吉、日本放送出版会（NHKブックス）、一九七七年、227頁。
アルベルト・シュヴァイツァー：『キリスト教と世界宗教』鈴木俊郎訳、岩波書店（岩波文庫）、一九七八年、17頁。
平山正実：『心悩む者に神宿る』袋命書房、二〇〇六年、251頁。

赦しと癒やし

ソン・ボンモ神父：『心の傷と癒し』栗城貴宗訳、サンパウロ、二〇〇六年、10頁。
ジェラルド・ジャンポルスキー：『ゆるすということ』大内博訳、サンマーク出版（サンマーク文庫）、二〇〇六年、55頁。
デレック・プリンス牧師：『悪霊からの解放』生ける水の川、一九七五年、121頁。
フランチェスコ・ベルシーニ神父：『福音の知恵』石澤芙美子訳、天使館、一九九八年、163頁。
マドレ・マルガリタ修道女：『マドレ・マルガリタのことば』ベリス・メルセス宣教修道女会編、ベリス・メルセス宣教修道女会刊、一九七八年、84頁。
松田　央：『世の光キリスト』キリスト新聞社、二〇〇八年、61頁。
ブラザー・アンドレ：『祈りこそ　わが力――ブラザー・アンドレの生涯――』ボニファチオ・ヘンリー／桐生・聖クララ会編、あかし書房、一九八二年、37頁。
有馬式夫牧師：『牧会カウンセリング入門』新教出版社、一九九九年、58頁。
マーティン・パドヴァニ牧師：『傷ついた感情へのいやし』大西康雄訳、ヨルダン社、一九九七年、

116頁。

聖書

ブレーズ・パスカル：『世界の名著　パスカル』中央公論社、一九六六年、331頁。
岩下壮一神父：『信仰の遺産』岩波書店（岩波文庫）、二〇一五年、402頁。
カール・バルト：『聖書と説教』天野有訳、新教出版社、二〇一一年、151頁。
I・トラヴァース＝ボール『われをだれと思うか』聖パウロ女子修道会訳、中央出版社＝現サンパウロ（ユニヴァーサル文庫）、一九六五年、88頁。
浅野順一：『ヨブ記』岩波書店（岩波新書）、一九六八年、104頁。
上山　要牧師：「カウンセリングにおける教会の役割」（『心病む人々に教会ができること』聖書と精神医療研究会編、いのちのことば社、二〇〇六年、37頁に所収）。
八木重吉：『定本　八木重吉』弥生書房、一九六九年、145頁。
アンリ・ペレーヴ神父：『病床の黙想』黒崎慶次訳、ドン・ボスコ社、一九五〇年、104頁。
工藤信夫：『魂のカルテ』いのちのことば社、一九八四年、18頁。

天使と悪魔

エウジェニ・スメット修道女：『御摂理のマリア童貞』煉獄援助修道会著、中央出版社＝現サンパウロ、一九五〇年、17頁。
聖ドメニコ・サビオ：『ドメニコ・サビオ』サレジオ会編、ドン・ボスコ社、一九七九年、15頁。
プルデンティウス：『日々の讃歌・霊魂をめぐる戦い』家入敏光訳、創文社、一九六七年、46頁。
モーティマー・J・アドラー：『天使とわれら』稲垣良典訳、講談社（講談社学術文庫）、一九九七年、

92頁。
ニコライ・ベルジャーエフ：『ベルジャーエフ著作集 第二巻』斎藤栄治訳、白水社、一九六二年、102〜103頁。
中山和子修道女：『美しき愛の姿』愛社、一九八九年、26頁。
田口芳五郎枢機卿：『福音宣教の神学』財団法人精道教育促進会、一九七五年、23〜24頁。
ヘルマン・ランゲ神父『聖寵の國』實兼　稔訳、エンデルレ書店、一九五一年、198頁。
荒井　献：『ユダのいる風景』岩波書店、二〇〇七年、38〜39頁。
ゲッレルト・ベーキ神父：『心の細道』あかし書房、一九八二年、17頁。
フランソワ・プティ神父：『悪とは何か』ドン・ボスコ社（カトリック全書20）、一九六二年、88頁。
アルカンタラの聖ペトロ：『念祷の栞』八巻頴男訳、中央出版社＝現サンパウロ、一九五二年、217頁。
ジェフリ・バートン・ラッセル：『悪魔』野村美紀子訳、教文館、一九八四年、233頁。
バーナード・ヘーリンク神父：『キリストの掟Ⅱ』田代安子・長沢トキ訳、中央出版社＝現サンパウロ、一九六七年、298頁。
リック・ヨーン：『現代の誘惑』山口昇訳、いのちのことば社、一九八三年、8頁。

教　会

テニエール神父：『聖体の黙想』戸塚文卿訳、中央出版社＝現サンパウロ、一九六六年、12〜13頁。
ポルト・マウリチオの聖レオナルド：『隠されている宝――ミサ聖祭』庄司篤訳、聖体奉仕会刊、一九九二年、22頁。
ルチア修道女：『現代の危機を告げるファチマの聖母の啓示』ヴィトリオ・ガバッソ／志村辰弥共訳編、ドン・ボスコ社、一九八四年、227頁。

ヨゼフ・ミンセンティ枢機卿：『母を称える――神の鏡なる母』牧野リラ訳、ドン・ボスコ社、一九五五年、41頁。

コンスタンティノ・コーゼル神父：『神との生活』山川晃子訳、聖母の騎士社（聖母文庫）、一九八九年、56頁。

H・ファン・ストラレン神父：『絶対への旅』平塚武との共著、エンデルレ書店、一九六五年、160頁。

星野富弘：『四季抄　風の旅』立風書房、一九八二年、62頁。

神の愛　1

マグダレナ・E・トーレス＝アルピ修道女：『預言者たちの霊性』南大路くに訳、サンパウロ、一九六〇年、35頁。
サーロフの聖セラフィーム：『サーロフの聖セラフィーム』イリナ・ゴライノフ著、エドワード・ブジョストフスキ訳、あかし書房、一九八五年、182頁。
ラルフ・ワルド・エマソン『エマソン選集　二　精神について』入江勇起男訳、日本教文社、一九六一年、273頁。
ドン・マルミオン神父：『生命の言葉』西村良次訳編、中央出版社＝現サンパウロ、一九六四年、482頁。
コリー・テンブーム：『アメイジング・ラブ――ナチ強制収容所を後に』川澄英男訳、未来社、一九八六年、24頁。
稲垣良典：『天使論序説』講談社（講談社学術文庫）、一九九六年、162頁。
メール・イヴォンヌ修道女：『聖寵を浴びて』H・ファン・ストラレン著、エンデルレ書店、一九五八年、317頁。
スキレーベクス神父：『救いの協力者聖母マリア』伊藤庄治郎訳、聖母の騎士社（聖母文庫）、一九九一年、257頁。
井深八重：「道を来て」（『人間の碑――井深八重への誘い』「人間の碑」刊行会編、井深八重顕彰記念会刊、二〇〇三年、40頁に所収）。
ヴィクトル・フランクル：『フランクル著作集1　夜と霧』霜山徳爾訳、みすず書房、一九七一年、125頁。
鵜野泰年神父：『聖母マリアの交響曲』中央出版社＝現サンパウロ、一九九一年、28頁。
ジャン・ダニエルー枢機卿：『キリスト教の神とは』石沢幸子ほか訳、中央出版社＝現サンパウロ（中央新書）、一九七一年、4頁。
フランシス・ジャム：『ジャム詩集』堀内大學訳、新潮社（新潮文庫）、一九六九年、204頁。

神の愛　2

ドン・ヴィタル・ルオデ神父：『み手にすべてをゆだねて』尾崎正明訳、あかし書房、一九八二年、204頁。

マリー・テレーズ・ド・スビラン修道女：『麦の穂は陽を浴びて』援助マリア会編、ヴェリタス出版社、一九七一年、137頁。

中尾邦三牧師：ホームページ Pengin Club にアップしてある「礼拝メッセージ集」のうち、二〇一四年三月十六日付、説教「人を救う神の愛」から抜粋。

マザー・テレサ／ブラザー・ロジェ：『祈り―信頼の源へ―』植松功訳、サンパウロ、二〇一〇年、19頁。

ジョセフ・ラングフォード神父：『マザーテレサの秘められた炎』里見貞代訳、女子パウロ会、二〇一一年、135～136頁。

グエン・ヴァン・トゥアン枢機卿：『5つのパンと2ひきの魚―獄中からの祈り』女子パウロ会、二〇〇七年、123頁。
戸塚文卿：『戸塚文卿著作集 第三巻 天国はこの世から』中央出版社＝現サンパウロ、一九六六年、215頁。
北森嘉蔵：『神の痛みの神学』講談社（講談社学術文庫）、一九九六年、25頁。
泉キリ江修道女：『愛されて生きる――ホスピスの現場からの報告』くすのき出版、二〇〇一年、83頁。
ジャン・ガロ神父：『愛のいのり』大瀧玲子訳、女子パウロ会、一九七一年、42頁。
C・タルタリ神父：『キリスト教入門』中央出版社＝現サンパウロ、一九六四年、22頁。
川西端夫：『みつばさのかげに』川西田鶴子編、みすず書房、一九六五年、145頁。
アントニオ・エバンヘリスタ神父：『みこころの信心――み心の信心についての四回勅』エバンヘリスタ神父解説・監修、中央出版社＝現サンパウロ、一九六二年、13頁。

神のみ心

マルガリタ・ヴァラピラ修道女：『イエスは今日も生きておられる』ゲスマン和歌子訳、聖母の騎士社（聖母文庫）、二〇〇九年、260頁。
グドルフ神父：『聖心の奥義』ドン・ボスコ社、一九七〇年、16頁。
ノリッジのジュリアン：『神の愛の啓示』内桶真二訳、大学教育出版、二〇一一年、57〜58頁。
三浦綾子：『泉の招待』光文社（光文社文庫）、一九九九年、7頁。
ジャン・ピエール・ド・コッサード神父：『み旨のままに』水谷愛子訳、望月光校閲、一九八三年、85頁。

ヨゼフ・バイエル博士：『我等何を信ずべきか』山中巌彦訳、カトリック思想普及社、一九六五年、270頁。

神の現存

ジョセフ・バーナーディン枢機卿：『やすらぎの贈り物』石井朝子訳、ドン・ボスコ社、一九九九年、33頁。
ドン・ショータル神父：『使徒職の秘訣』山下房三郎訳、ドン・ボスコ社、一九七五年、508頁。
田中正造：『田中正造』佐江衆一、岩波書店（岩波新書）、一九九三年、149頁。
ご復活のラウレンシオ修士：『神の現存の体験』東京女子跣足カルメル会訳、ドン・ボスコ社、一九七七年、115頁。
岡山英雄牧師：『小羊の王国』いのちのことば社、二〇一六年、204頁。
カール・ヒルティ：『眠られぬ夜のために 上巻』渡辺義雄訳、角川書店（角川文庫）、一九六六年、50頁。
マックス・ピカート：『沈黙の世界』佐野利勝訳、みすず書房、一九七四年、271頁。

イエス・キリスト

アーサー・タン神父：『光に向かった窓』川田周雄訳、中央出版社＝現サンパウロ（ユニヴァーサル文庫）、一九六二年、115頁。

ルイス・メンデイサーバル神父：『新しき展望』佐々木孝訳、中央出版社＝現サンパウロ、一九八四年、48頁。

クラレンス・エンツラー終身助祭：『神の現存のうちに』庄司篤訳、聖母の騎士社（聖母文庫）、一九九二年、53頁。
小林有方司教：『語りませ主よ』女子パウロ会、一九八五年、182頁。
ブルノー・ビッテル神父：『ごミサと私』伊藤保訳、エンデルレ書店、一九六七年、185頁。
幼きイエスのマリー・エウジェンヌ修父：『わたしたちの念祷』東京女子跣足カルメル会／島崎重松共訳、いつくしみセンター、二〇一五年、33頁。
ルイザ・ピッカレータ：『我らの主のご受難の二十四時間』愛心館、一九九九年、239〜240頁。
エミリアン・タルディフ神父：『私はイエズスの証し人』小林有方訳、一九八六年、63頁。
セーレン・キルケゴール：『愛について』芳賀檀訳、新潮社（新潮文庫）、一九七〇年、27頁。
エドワード・マッケンドリー・バウンズ牧師：『天国』いのちのことば社出版部訳、いのちのことば社、一九八七年、121頁。
ロス・アンデスの聖テレサ：『十九歳の聖女――ロス・アンデスのテレサ』クラウディオ・トゥルッツィ編、山口カルメル会訳、ドン・ボスコ社、一九九六年、112頁。

十字架

松永久次郎司教：『ロザリオのこころ』聖母の騎士社、一九六二年、186頁。
教皇ヨハネ二十三世：『和解の人――教皇ヨハネ二十三世小伝』犬飼道子著、岩波書店（岩波ブックレット）、一九九〇年、86頁。
ドナルド・シニア神父：『マルコ福音書におけるイエスの受難』小久保喜似子訳、ドン・ボスコ社、一九九九年、10頁。
コンセプシオン・カブレラ・デ・アルミダ：『祭壇の前で Ⅱ』十字架の使徒職トゥリニタスセンター（私家版）、二〇〇三年、4頁。

ジャック・ゴティエ：『イエスの渇き』伊従信子訳、聖パウロ女子修道会、二〇〇七年、97頁。
ニノ・サルヴァネスキ：『若き日に老いし日に』アグネス・レト／山本文子共訳、聖パウロ女子修道会、一九六二年、189頁。
李姫鎬：『茨の道の向こうに――獄中の夫への祈りの書簡』羅愛蘭訳、創童舎、一九九九年、185頁。
井上良雄：『大いなる招待――キリスト教講話集 I』新教出版社、二〇一一年、30～31頁。
ロバートソン・マクルキン宣教師：『新版　すこやかな時も病める時も』羽鳥　栄訳、いのちのことば社、一九九八年、73～74頁。
教皇フランシスコ：『教皇フランシスコ講話集 2』カトリック中央協議会訳、カトリック中央協議会（ペトロ文庫）、二〇一五年、103～104頁。
ジャン・イヴ・ルルー：『アトスからの言葉』高橋正行訳、あかし書房、一九八一年、90頁。

聖　霊

ペトロ・アルペ神父：『キリストの道』第一巻、「原理と基礎」中央出版社＝現サンパウロ、一九五八年、175頁。
シリル・ジョン：『聖霊に駆り立てられて』日本カトリック聖霊による刷新全国委員会監訳、聖母の騎士社（聖母文庫）、二〇一〇年、58頁。
島本　要大司教：『福音宣教』聖母の騎士社（聖母文庫）、二〇〇二年、124頁。
アルマン・ドモンティニ神父：『心の甘美な客――聖霊についての黙想』ドン・ボスコ社、一九九六年、49頁。

聖母マリア　1

著者名不詳：『聖母讃歌』コスタンテ・ベルセッリ／ジョルジュ・ガリブ編、佐藤三夫訳、中央出版社＝現サンパウロ、一九八三年、326頁。
エ・ヌーベール神父：『聖母の闘士』中山力太郎／三島幸智訳、中央出版社＝現サンパウロ、一九五五年、5頁。
ジョセフ・シェルホルン神父：『提要　マリア学』ドン・ボスコ社、一九五四年、93頁。
朝山宗路神父：『マリアの素描』サンパウロ、二〇〇八年、31頁。
池田敏雄神父：『聖母による人間の救い』中央出版社＝現サンパウロ、一九八八年、51頁。
G・M・ガレ神父：『これ汝の母なり』山下房三郎訳、中央出版社＝現サンパウロ、一九六〇年、54頁。
ジュリオ・マンガネリ神父：『教会の母マリア』ドン・ボスコ社、一九七〇年、79頁。
マリ・テヤス司教：『それでも聖母は信じた』山下房三郎訳、あかし書房、一九七六年、300頁。
永井隆：『原子野録音』聖母の騎士社（聖母文庫）、一九八九年、68頁。

聖母マリア　2

マテオ神父：『夜の聖時間』デル・コール訳、ドン・ボスコ社、一九六〇年、13頁。
フィリッパール神父：『聖マリアの御像はいづこに』山下房三郎訳、ヴェリタス書院、一九五七年、44頁。
ガブリエレ・マリア・ロスキーニ神父：『聖母マリア　上』内山正幸訳、天使館、二〇〇九年、57頁。
ハインリヒ・デュモリン神父：『美しき愛の御母』エンデルレ書店、一九六〇年、257頁。
エーデル・クイン宣教師：『エーデル・クイン伝――レジオ・マリエの鑑』レオン・ジェー・スエネンス教区長著、青木かず訳、中央出版社＝現サンパウロ、一九五九年、96頁。

ヴィンチェンツォ・チマッティ神父：『チマッチ師今なお語る』ドン・ボスコ社、一九六九年、73頁。

聖リカルド・パンプーリ：『希望の光線より』マリオ・ソロルドーニ編、デルコル神父／江藤きみえ共訳、世のひかり社、一九九二年、73頁。

イマキュレー・イリバギザ／スティーヴ・アーウィン：『薔薇の祈り』女子パウロ会、二〇一五年、283頁。

殉教

アンチオケの聖イグナチオ：「燔祭への憧れ」（『声なき賛美』ドン・ボスコ社、一九六七年、57頁に所収）。
聖キプリアヌス：『偉大なる忍耐・書簡抄』P・ネメシェギ責任編集、熊谷賢二訳、創文社、一九六五年、127頁。
中浦ジュリアン：『天正の少年使節』松田翠鳳著、小峰書店、一九七一年、211頁。
アルフォンス・ヴァクスマン神父：『反ナチ抵抗者の獄中書簡』大岩美代編、新教出版社、一九七二年、70～71頁。

◆著者プロフィール

須永和宏（すなが かずひろ）

●略　歴

1944年、埼玉県行田市に生まれる。

日本ルーテル神学大学神学部卒業（現、ルーテル学院大学）。

慶應義塾大学大学院社会学研究科修士課程（教育学専攻）修了。

家庭裁判所調査官として長年、少年非行および家庭内紛争（離婚問題など）の心理臨床・ケースワーク業務にたずさわる。

東京家政学院大学・同大学院教授に転身（主に心理学、ケースワーク論、児童福祉論などを担当）。2015年に定年退任。家庭裁判所の家事調停委員なども歴任。

36歳のとき、プロテスタントからカトリックに改宗。現在、カトリック八王子教会信徒。

●教育関係の主な著書

『ニューメディア時代の子どもと文化』東山書房　1988年

『不登校児が問いかけるもの』慶應義塾大学出版会　1993年

『親子の葛藤が晴れるとき～家裁調査官のケースファイルから』サンパウロ　2003年

『子どもたちのメンタリティ危機』慶應義塾大学出版会　2005年

『子どもを救う「家庭力」』（編著）慶應義塾大学出版会　2009年

『生きられる孤独』（評論家、芹沢俊介との往復書簡）東京シューレ出版　2010年

●信仰関係の著書

『いのちを紡ぐ　聖人のことば』ドン・ボスコ社　2017年

信仰《しんこう》の秘訣《ひけつ》 ——先達200人からのメッセージ——

著　者——須永　和宏

発行所——サン パウロ

〒160–0004　東京都新宿区四谷1–13　カタオカビル3階
宣教推進部（版元）Tel. (03) 3359–0451　Fax. (03) 3351–9534
宣教企画編集部　Tel. (03) 3357–6498　Fax. (03) 3357–6408

印刷所——ベクトル印刷株式会社

2019年3月1日　初版発行

ISBN978–4–8056–3912–2　C0016